Haftungsausschluss:

Die Ratschläge im Buch sind sorgfältig erwogen und geprüft. Alle Angaben in diesem Buch erfolgen ohne jegliche Gewährleistung oder Garantie seitens des Autors und des Verlags. Die Umsetzung erfolgt ausdrücklich auf eigenes Risiko. Eine Haftung des Autors bzw. des Verlags und seiner Beauftragten für Personen-, Sach- und Vermögensschäden oder sonstige Schäden, die durch die Nutzung oder Nichtnutzung der Informationen bzw. durch die Nutzung fehlerhafter und/oder unvollständiger Informationen verursacht wurden, ist ausgeschlossen. Verlag und Autor übernehmen keine Haftung für die Aktualität, Richtigkeit und Vollständigkeit der Inhalte ebenso nicht für Druckfehler. Es kann keine juristische Verantwortung sowie Haftung in irgendeiner Form für fehlerhafte Angaben und daraus entstehende Folgen von Verlag bzw. Autor übernommen werden.

Sollte diese Publikation Links auf Webseiten Dritter enthalten, so übernehmen wir für deren Inhalte keine Haftung, da wir uns diese nicht zu eigen machen, sondern lediglich auf deren Stand zum Zeitpunkt der Erstveröffentlichung verweisen.

Bibliografische Informationen der Deutschen Nationalbibliothek

Die Deutsche Nationalbibliothek verzeichnet diese Publikation in der Deutschen Nationalbibliografie; detaillierte bibliografische Daten sind im Internet über http://dnb.dnb.de abrufbar.

1. Auflage 2022

Redaktion: Melanie Krauß
Lektorat und Korrektorat: Lena Bauer, Annika Hülshoff, Markus Czeslik
Umschlaggestaltung: Sprudelkopf Design
Satz und Layout: Zarka Ghaffar
Abbildungen im Innenteil: Adobe Stock

ISBN Print: 978-1-955655-80-4
ISBN E-Book: 978-1-955655-81-1
www.remote-verlag.de

BENJAMIN BERG

THE NEXT LEVEL COACHING

INHALT

DER MEGATREND

Die westliche Welt bietet uns schier unendliche Möglichkeiten der persönlichen Weiterentwicklung. Sei es beruflich oder privat, in den letzten Jahrzehnten haben sich viele Lebensmodelle aufgelöst. Das klassische Bild der vierköpfigen Familie mit der Frau am Herd und dem Mann als Familienernährer ist abgelöst. Einst feste gesellschaftliche Bilder wurden aufgebrochen, zersetzt in viele kleine Teile, aus denen sich die Generationen X, Y und Z ihr eigenes Lebensbild zusammenpuzzeln können. Nun haben wir die Qual der Wahl aus unendlich vielen Lebensweisen, die versprechen, individuelle Träume und Wünsche Realität werden zu lassen – wenn wir an uns selbst arbeiten.

Auf der anderen Seite erkennen viele Menschen die daraus entstehende Orientierungslosigkeit und möchten anderen dabei helfen, ihren individuellen Weg zu finden.

So kommt man inzwischen nicht mehr um den Megatrend herum, der Abhilfe schaffen soll. Bei Instagram, Facebook oder TikTok ist er bereits omnipräsent, bei der Google-Suche erzielt er ungefähr 4.030.000.000 Ergebnisse in 0,67 Sekunden. Die Rede ist von Coaching – das Mittel schlechthin, um dein Leben auf das nächste Level zu bringen und dich glücklich zu machen. Dein Leben wird nicht mehr wie ein labberiger Toast schmecken, wie es Peter Fox in seinem Song *Alles neu* sagt.

Es scheint schier unendliche Arten von Coaching zu geben. Jeder hat dabei seinen eigenen Begriff und seine eigene Fachrichtung, besser gesagt, sein eigenes Spezialgebiet. Finanzen? Kein Problem. «In zwei Jahren zur ersten Million». Immobilien? Sehr gern. «So bekommst du jeden Kredit von der Bank». Alles kein Thema.

Die Entwicklung der eigenen Persönlichkeit? Spring mit auf den *Hypetrain,* schließ dich einem fantastischen Netzwerk von sagenhaften Coaches an. Egal ob jung oder alt. Erfolgreich oder noch in den Kinderschuhen. Coaching bietet dir genau die Möglichkeit, die du brauchst, um aus dir das zu machen, was du immer sein wolltest. Sei ein Vorbild für andere. Sei die Person, die über sich hinauswächst und in den Abendnachrichten als Superheld abgelichtet wird, während sie mit wehendem Umhang auf einem Hochhaus steht, bereit die Menschheit zu retten. Die letzte Hoffnung der Menschheit bist du. Du willst schnell erfolgsgekrönt sein und möglichst vielen Menschen helfen? Die vorherige Beschreibung ist dein Tagtraum? Genau so was willst du auch? Die Zustimmung spüre ich doch bis hier, auch wenn wir uns wahrscheinlich gar nicht kennen. Ich spüre, da ist so eine Energie.

Wenn das so ist, dann tut es mir leid, sagen zu müssen, dass es nicht so einfach ist, wie es klingt. Den Honig, den dir diese paar Zeilen um den Mund geschmiert haben, den musst du dir leider wieder abwischen. Der zeitliche Aufwand, den du in einen solchen Prozess der persönlichen Entwicklung steckst, sowie deine persönliche Bereitschaft dazu sollten unermesslich sein.

Seit mehreren Jahren bin ich nun dabei, an mir selbst zu arbeiten, um mich besser zu verstehen, sogar, um mich neu zu entdecken. Jeden Tag arbeite ich mit verschiedenen Menschen zusammen, die ebenfalls Antworten auf Fragen suchen, die sie sich möglicherweise seit langer Zeit stellen. Wer will ich wirklich sein? Wozu bin ich auf dieser Welt? Was ist mein Wert? Was sind meine Stärken? Das sind Fragen, die nicht mit einem perfekten Standardsatz zum Auswendiglernen beantwortet werden können. Vielmehr sind das Fragen, die trotz einfacher Formulierung einer tiefgründigen

Untersuchung sowie Beantwortung bedürfen. Was ich anfangs etwas satirisch formuliert habe, gibt dir aber schon einen Vorgeschmack. Im Coaching gibt es sehr viel weniger Glamour, als es zunächst vielleicht scheint. Es geht vielmehr um die Menschlichkeit. Das Miteinander. Das persönliche und das gemeinsame Wachsen. Das Dasein als Coach erfordert daher eigentlich Vernunft und Herz. Dass das heute keine Selbstverständlichkeit ist, sehen wir leider viel zu häufig. Womit viele Coaches nämlich locken, ist die Erreichung von Zielen wie maximaler Gewinn, dicke Autos, große Häuser oder etliche Partys. Die sozialen Medien, lass es Facebook, Instagram oder YouTube sein, sind voll mit vermeintlichen Experten, die lediglich als Experte brillieren, wenn es darum geht, Werbekampagnen auf den sozialen Kanälen zu schalten, um ein möglichst großes Stück des Coaching-Kuchens abzugreifen.

Inzwischen hat gefühlt jeder zweite Instagram-Nutzer eine ähnliche Selbstbezeichnung wie Coach, Mentor, Berater oder Trainer in der eigenen Profilbeschreibung stehen. In Deutschland ist Coaching ein wachsender Trend, der immer mehr Begeisterung findet. Da der Begriff jedoch nicht geschützt ist, darf ihn jeder verwenden. Und das zieht auch zweifelhafte Zeitgenossen auf die Bühne der sozialen Netzwerke, die du kritisch hinterfragen solltest.

In einem Interview in der *Wirtschaftswoche*[1] äußert der Wirtschaftspsychologe Uwe Kannig seine Gedanken zum Thema *«Jeder kann Coaching»*. Darin sagt er, dass sich die Zahl der in Deutschland arbeitenden Coaches auf ungefähr 30.000 beläuft. Davon sind schätzungsweise 8.000 Personen Coach im Bereich Business. Bezüglich einer steigenden Anzahl sagt er nichts, gibt auch keine Prognose ab. Es geht ihm eher um das Problem, dass viele Coaches keinen richtigen fachlichen Hintergrund haben. Die eigene Vita aufzuhübschen, mag einem zwar dabei helfen, Aufträge zu bekommen, jedoch sollte man selbst immer im Hinterkopf behalten, dass man mit Menschen arbeitet, die vielleicht an einem fragilen Punkt in ihrem Leben stehen. Da ist also, aus Sicht des Coachees, Vorsicht geboten bei der Auswahl eines Coaches – wobei dieses Buch eine Hilfe sein wird.

Auch ich habe in meiner Arbeit als Coach schon viele Menschen kennengelernt, die sich Coach nennen und es gern sein möchten. Ihnen fehlen jedoch die Fähigkeiten, die einen Wegbegleiter ausmachen. Hinzu kommt, dass vielen nicht klar ist, wo sie die eigene, aber auch die Grenze für ihre Klienten ziehen müssen. Wo ist es Coaching und wo beginnt eine Psychotherapie? Ein Coach ist jemand, der Menschen hilft, mehr aus sich zu machen, wie der Fußballtrainer, der am Spielfeldrand steht, um konkrete Fragestellungen zu lösen und Trainingsmethoden zu vermitteln. Ein Coach ist definitiv niemand, der versuchen sollte, psychologische Probleme zu lösen. Darüber muss sich jeder im Klaren sein und sich möglicherweise eingestehen, dass der Beruf als Coach eine Nummer zu groß sein kann. In Bezug auf die Klienten und sich selbst.

Coaching ist ein Bereich, der mehr ist als das, was viele vermeintlich denken mögen. Es gehört mehr dazu, als ein paar Mal im Jahr auf einer Bühne zu stehen und den klassischen Satz «Ich bin geil, ihr seid geil, lasst uns zusammen geil sein» zu predigen. Die Berufung dazu liegt in einem und sie besagt mehr, als allein auf einer großen Bühne stehen zu müssen. Welcher Bereich liegt dir? Welche Themen beschäftigen dich? Hast du einen persönlichen Bezug zu deinem Thema? Was ist deine Geschichte? Willst du im Scheinwerferlicht stehen oder willst du den direkten menschlichen Kontakt? Online oder vor Ort? Bei der Entscheidung darfst du dich nicht verleiten lassen von den schnellen Autos, funkelnden Uhren und wedelnden Geldscheinen. Auch nicht von dem verlockenden Meditationskurs, in welchem du in 38 Schritten lernst, wie du mit dir ins Reine kommst, bevor du überhaupt weißt, was das bedeutet. Mal eben nach Bali fliegen, um den persönlichen Guru zu finden, oder lernen, wie du von überall auf der Welt arbeiten kannst. Kein Problem. Umweltschutz ist dir wichtig und doch willst du das Jetset-Leben? Dass in solchen Fällen der Natur der kräftige Mittelfinger gezeigt wird und es zu hinterfragen ist, ob all das der Wirklichkeit entspricht, das lassen wir erst mal außen vor. Doch genau das sind die Dinge, die du in vielen Werbevideos sehen kannst, in denen viele Menschen dich zu überzeugen versuchen, dass du innerhalb sehr kurzer Zeit etwas aufbauen kannst, das dich den Rest deines Lebens absichern wird. Doch ist Coaching nicht mehr als das? Auf jeden Fall! Es ist eine Lebensreise, auf die du dich bewusst begibst, um dir selbst und der Menschheit etwas Gutes zu tun. Als Coachee und als Coach.

Mein eigener Weg zu der Tätigkeit als Coach mehrerer Tausend Menschen wurde mir nicht in die Wiege gelegt. Um nicht zu sagen, dass ich im jungen Alter dachte, dass es das Leben absolut nicht gut mit mir meint.

Nachdem ich die Schule erfolgreich mit meinem Abitur in der Tasche verlassen hatte, habe ich eine Ausbildung zum Erzieher gemacht. Da ich damals schon ein Bewusstsein dafür hatte, dass ich mit Menschen zusammenarbeiten muss, entschied ich mich dazu, Psychologie zu studieren. Das alles mag wie ein perfekter Plan für Lebensglück klingen, aber das Leben hatte eigene Pläne mit mir. Noch in der Schule, im Alter von 17 Jahren, wurde bei mir eine chronische Darmerkrankung festgestellt. Selbstzweifel, innere Unsicherheiten, die Frage nach dem *«Warum ich?»* wurden zu meinen treuen Begleitern im Alltag. Die Hoffnung, dass mit der Zeit auch die Besserung kommt, wurde sieben Jahre später im Keim erstickt. Morbus Crohn, sagten die Ärzte. Das Spiel ging wie gewohnt weiter. Doch soll ich dir ein Geheimnis verraten? Ich habe Verantwortung für meinen Körper und meine Gesundheit übernommen. Ich habe meinem Inneren zugehört, ihm eine Stimme gegeben, und konnte so viel über mich erfahren. Selbstzweifel wichen dem wachsenden Selbstwert. Unsicherheiten wurden zu Stärke in meiner Geschichte. Heute nutze ich eben diese Geschichte, mit all ihren Berg- und Talfahrten, um Menschen zu helfen. Vor vier Jahren bin ich in diesen Zug gestiegen und genieße die Fahrt seitdem in ganzer Fülle. Von 2017 bis 2019 habe ich Menschen als Gesundheitscoach geholfen. Heute begleite ich online als Mentalcoach Promis, Profisportler und Nationalspieler. Wenn ich dir aus meiner Erfahrung eine Sache mit auf die Tour geben kann, dann ist es, dass du der Kapitän deines Lebens bist, der entscheidet, wie das Spiel gespielt wird.

Es gibt da eine kleine Geschichte von einem Esel, die ich dir gern erzählen möchte. Ein Esel steht angebunden an einem kleinen Pfahl. Er ist sehr durstig und hungrig zugleich. Nun steht er zwischen einer Tränke mit Wasser und einem Heuballen. Er kann sich nicht entscheiden und guckt immer wieder von links nach rechts, bis er verdurstet. Er wollte beides haben, bekam jedoch am Ende keines von beidem.

Nur du kannst wissen, was du willst. Mach dir einmal die Zahl acht Milliarden bewusst. Das ist eine Acht mit neun Nullen. So viele Menschen gibt es auf der Welt. Was gibt es auch acht

Milliarden Mal auf der Welt? Lebenswege, Entscheidungen, Gedanken, Gefühle, Ideen, Schicksale und Leben. Anstatt dich umzuschauen und dich verleiten zu lassen, setze dich mit deiner eigenen Person auseinander, um festzustellen, ob es wirklich das ist, was du willst. Solltest du dann immer noch die Antwort «Ja» auf deinem Zettel stehen haben, dann sei dir sicher, dass der Weg, den du wählst, kein Zuckerschlecken, aber eine Reise wert sein könnte. Welche Spezialisierung für dich als Coach passend sein könnte, wirst du am Ende dieser Inspirationssammlung wissen. Doch auch das ist nur ein erster Schritt. Hast du deine Nische gefunden, folgt die Umsetzung. Es reicht nicht zu wissen, was du willst. Du musst es dir bewusst machen, und das jeden Tag. Tagein, tagaus. Magst du nur die Vision vom Ausblick oder liebst du auch den steinigen Weg nach oben?

Es ist nun mal so, dass der Trend des Coachings verlockend sein mag und sich zugleich verdammt gut anfühlt. Diese Mode, dass immer mehr Menschen Coach und Mentor werden wollen, um zu helfen, erfreut sich immer mehr Beliebtheit, wie du bereits im vorherigen Abschnitt lesen konntest. Aber warum überhaupt? Den Zahn, dass ich die Antwort kenne, muss ich dir sofort ziehen, denn ich kenne die Antwort nicht. Dazu müsste ich besagte acht Milliarden Menschen kennen und mit ihnen gesprochen haben. Ich kann nur Vermutungen anstellen. Es lockt und fühlt sich gut an. So ist es.

Das strahlende Lächeln eines Klienten oder einer Klientin zu sehen, während sie etwas Neues über sich erfahren, Probleme erkennen, diese beseitigen und langsam beginnen zu erstrahlen, zaubert einem selbst als Coach immer wieder ein riesiges Lächeln ins Gesicht. Erfolgreiche Coaches wie Christian Bischoff, Tobias

Beck oder Laura Malina Seiler füllen große Hallen mit ihren Coaching-Angeboten und dürfen sich über die Begeisterung und Bewunderung Tausender Menschen freuen. Es fühlt sich einfach fantastisch an, dass es möglich ist, anderen mit der eigenen Erfahrung zu helfen sowie Tipps und Tricks zu verraten, die es den Coachees und Mentees einfacher machen, ihr Leben zu leben. Meinen eigenen Weg habe ich im Coaching gefunden, doch wie du lesen konntest, war es mir nicht immer klar, und vielmehr bin ich durch meine gesundheitliche Vergangenheit in diesen Bereich gerutscht. Ich weiß, wie es ist, seinen Körper, sein Dasein nicht zu mögen, mit dem Gefühl, dass sich das Leben gegen einen verschworen hat. Doch durch meine Verantwortung gegenüber mir selbst konnte ich mir helfen. So begann ich auch, andere dabei zu unterstützen, sich wieder anzunehmen und zu lieben. Heute ist der Beruf als Coach meine Leidenschaft und ein wichtiger Punkt in meinem Leben geworden, doch es ist auch so viel mehr als das. Es geht darum, zu erkennen, wozu wir Menschen in der Lage sind, denn wir können und dürfen unser eigenes Potenzial entfalten. Coaching bedeutet zu erkennen, was wir im Leben wirklich brauchen. Hier liegt auch der Unterschied. Zu erkennen, was wir brauchen, und zu erkennen, was wir haben wollen, sind zwei Paar Schuhe. Bevor du Coach werden willst, um Werbevideos von der riesigen Yacht zu senden, solltest du dich vorher fragen, was du wirklich brauchst, um glücklich und erfüllt zu sein. Glaube mir, keiner meiner Klienten brauchte eine Superyacht, um das Glück im Leben wiederzufinden. Auch dafür wird dir dieses Buch ein Wegweiser sein.

Am Ende des Tages ist das Coaching für mich eine Möglichkeit, alles zu erreichen. Glückseligkeit, Gesundheit, Zufriedenheit, Dankbarkeit und Stolz. Es ist so, wie es Steve Jobs schon gesagt hat: *«Der reichste Mann auf dem Friedhof zu sein, interessiert mich nicht. Abends ins Bett zu gehen und etwas Tolles geleistet zu haben, das bedeutet mir etwas.»*

Was wird dich jetzt im Folgenden erwarten? Im Prinzip genau das, was du bisher schon lesen durftest. Du erhältst Einblicke in die Tätigkeit als Coach, die dir dabei helfen, als Coach tätig zu werden oder einen passenden Coach zu finden, der mit dir deine Probleme löst. Nicht jeder Coach kann dich weiterbringen und nicht jeder kann Coach werden. Also, worauf kommt es an? Das wirst du in diesem Buch lesen.

Mit den folgenden Seiten geht es mir um eine Herzensangelegenheit. Ich möchte meine Ansichten authentisch teilen und dir Inspiration an die Hand geben, wie du ein guter Coach sein wirst oder einen guten Coach findest. Es geht mir darum, Klarheit zu schaffen, in einer Welt, in der soziale Medien Feenstaub verstreuen, der uns die Sicht vernebelt. Es geht um Qualität, die eigene Lebensgestaltung, Tatsachen und Selbstreflexion. Dieses Buch versteht sich also nicht als wissenschaftliche Abhandlung, sondern handelt davon, eine menschliche Grundhaltung zu entwickeln, die dich fit macht fürs Coaching. Daher ist dieses Buch nicht zwingend linear aufgebaut. Die Kapitel folgen zwar aufeinander, aber du kannst sie auch in freier Reihenfolge lesen. Du kannst es auch komplett durchschmökern und es mit einigem Abstand wieder in die Hand nehmen und einzelne Kapitel nachlesen. Diese Sammlung ist ein passender Rat- und Impulsgeber zu allen möglichen Phasen und Aspekten des Coachings.

Lass uns mit den Worten von Laotse in diese Welt eintauchen: *«Eine Reise von 1.000 Meilen beginnt mit dem ersten Schritt.»*

KAPITEL 1

GRUNDLEGENDE WERTE BEIM COACHING

Kommen wir doch noch mal zurück zu den Beispielen, die ich dir in der Einleitung genannt habe: die Beispiele der Leute, die du heutzutage regelmäßig auf sämtlichen Plattformen der sozialen Medien siehst. Die, die dir versuchen einzutrichtern, was du wirklich brauchst, während sie vor dicken Autos stehen und dabei selbst erst 20 Jahre alt sind. Ich möchte nicht darauf hinaus, dass das Alter eine Bedeutung hat, wenn es um Talent und Fähigkeiten geht. Vielmehr geht es mir darum, dass du dir immer vor Augen halten solltest, was du, und nur du, vom Leben willst.

Es scheint immer um das Maximum im Leben zu gehen. Finde Effizienz, gründe ein Business, finde Reichtum und damit ultimatives Glück sowie Erfüllung. Das sind ureigene Wünsche des Menschen. Jeder wünscht sich das Beste für sich selbst. Aber müssen wir immer den maximalen Output bei minimalem Input bekommen? Halt! Wenn wir darüber nachdenken, sind das genau die Versprechen des Kapitalismus, des Neoliberalismus der letzten Jahrzehnte. Wer sich nur genug anstrengt, der wird etwas erreichen. Dann wird sich Leistung lohnen. Wer diese Formel eingehalten hat, dem winken (bescheidener) Wohlstand und damit auch automatisch ein Leben in Glückseligkeit. Gesellschaftlich hat sich einiges geändert in den letzten Jahrzehnten. Dass Materielles immer automatisch glücklich macht, wird heutzutage angezweifelt. Denn im Kern ist es nicht das, was uns (langfristig) erfüllt. Marilyn Monroe hat mal gesagt: *«Karriere ist etwas Herrliches, aber man kann sich nicht in einer kalten Nacht an ihr wärmen.»* Die Suche nach Ruhm und Reichtum darf kein Selbstzweck sein. Wichtiger ist also etwas anderes.

Menschlichkeit und Authentizität sind Eigenschaften, die sich jeder auf seine Fahne schreiben sollte, wenn ihm oder ihr daran gelegen ist, langfristig als Coach und Mentor zu arbeiten. Allerdings ist das leicht gesagt. Es sind mehr als nur Wörter, die du im Wörterbuch oder im Internet auf der Suche nach *Coaching-Eigenschaften* findest. Was zeichnet Menschlichkeit wirklich aus, wie kannst du menschlich sein und was bedeutet das eigentlich? Steht Authentizität immer in Verbindung mit diesem Aspekt? Wann bist du authentisch? Wie wichtig sind beide Eigenschaften bei der Tätigkeit als Coach, aber auch für dich, wenn du auf der Suche nach dem richtigen Coach für dein Anliegen sein solltest? Fragen über Fragen, auf die du jetzt Antworten erhältst. Doch tue dir bitte selbst den Gefallen und lass dir Zeit beim Lesen. Lege dir vielleicht Zettel und Stift parat, um dir Notizen zu machen und die Übungen durchzugehen.

MENSCHLICHKEIT

Was ist das Erste, das dir in den Sinn kommt, wenn wir von Menschlichkeit sprechen? Respekt, Einfühlungsvermögen, Verständnis, Hilfsbereitschaft, Frieden miteinander oder Gerechtigkeit? Das sind nur einige Aspekte, die dir mit Sicherheit einfallen, wenn wir davon sprechen. Zhuangzi schrieb einmal Folgendes zum Thema der Menschlichkeit: «*Ist das Herz vollkommen, dann erfasst es das höchste Wissen. Ist das Wissen vollkommen, dann erreicht es die höchste Menschlichkeit.*» Hier präsentiere ich dir die einfachste, nicht-wissenschaftliche Beschreibung. Sie gibt eine Richtung vor, wie wir nach innen und außen handeln sollten. Nach innen, denn es geht auch um eine innere Haltung, um ein Mindset. Der Mensch sollte dem Menschen zugewandt sein und dies zur Leitlinie seines Handelns machen.

Gleichzeitig sollte er nach außen strahlen, *was ihm eigen ist.*

Das ist das Schöne an dieser Beschreibung, denn sie bringt es genau so auf den Punkt, wie wir es brauchen. Wie du es brauchst, damit ich dir zeigen kann, worauf es wirklich ankommt.

Wenn du mit dem Gedanken spielst, ein Coach zu werden oder einen Coach suchst, dann solltest du dir immer die Frage stellen: «Wer bin ich als Individuum überhaupt?» Du kannst mir ruhig glauben, wenn ich dir sage, dass es mehr ist als das, was in deinem Ausweis steht. Was ist dir als Mensch zugehörig und eigen? Für jeden der acht Milliarden Menschen gibt es darauf eine ganz individuelle Antwort. Menschlichkeit beginnt damit zu erkennen, dass du als Individuum einzigartig bist und du dir dessen bewusst werden musst. Werde dir bewusst, was dich auszeichnet. Die Antwort dazu findest du im Jetzt und in deiner Vergangenheit. Dass du diese nicht ändern kannst, brauche ich dir nicht zu sagen. Was ich dir jedoch sagen möchte, ist, dass im Vergangenen oft Schätze liegen, die wir gar nicht erkennen. Stattdessen verstecken wir uns vor Momenten, die wir erlebt haben, weil sie uns unangenehm sind und wir sie schlichtweg vergessen wollen. Ganz so einfach wird es für dich sicherlich nicht, und das sollte es auch nicht. Um deine Individualität zu finden, zu kennen, zu verstehen und vor allem zu leben, ist es wichtig, dass du dich im vollen Umfang kennst und dich in deinen hellsten und dunkelsten Stunden annimmst. Das beinhaltet Höhen und Tiefen. Das formt aber erst deine Ecken und Kanten. Siehe deine Ecken und Kanten als Stufen und Vorsprünge, an denen du dich festhalten kannst, um auf den Gipfel zu klettern. Den Gipfel deiner Persönlichkeitsentwicklung. Bist du bereit, diesen Schritt zu gehen? Wenn du anderen Menschen helfen willst, um besser zu werden in einem Bereich, dann musst du dich selbst vorher so gut (er)kennen, dass du weißt, wovon du redest. Ich selbst hätte niemals der Mentor werden können, der ich heute bin, wenn ich mich nicht mit meinem Schicksal der Erkrankung auseinandergesetzt und es akzeptiert hätte: mit besagten Ecken und Kanten, Stärken, Schwächen, Talenten, Krankheiten, Schicksalen und allem, was mich begleitet und auszeichnet.

Nicht immer ist es leicht oder geht es schnell, sich diese Dinge bewusst zu machen. Der psychologische Prozess dahinter ist komplex und tiefgreifend. Man könnte damit ein ganzes Buch füllen. Erst wenn Herausforderungen gemeistert wurden, seien sie negativ oder positiv, erfährt man Selbstwirksamkeit und dann auch Selbstbewusstsein – sich seiner selbst bewusst sein und erkennen, was einem eigen ist. Dann kann man mit sich ins Reine kommen und nach außen strahlen. Dann wird dir auch bewusst werden, wobei du Menschen überhaupt fördern kannst und vor welchem Hintergrund. Was ist deine Geschichte? Was ist dir eigen? Wofür bist du ein Experte? Darauf gehen wir im dritten Kapitel noch ausführlicher ein. Freu dich schon mal darauf.

ÜBUNG: Notiere dir jetzt schon mal auf dem Zettel, den du hoffentlich noch bei dir liegen hast, was dich auszeichnet, oder schreib gern direkt in die leeren Zeilen. Was sind deine Stärken und Schwächen? Womit kannst du anderen helfen?

AUTHENTIZITÄT

Wo deine Individualität das ist, was dich zu dem Menschen macht, der du bist, ist die Authentizität eine Art Bühne, auf der du dein wahres Ich präsentieren darfst. Das wahre Ich findet man nicht, indem man dem Höher, Schneller, Weiter folgt, zu dem wir gesellschaftlich konditioniert werden. Vielmehr erfordert es eine genaue Selbstreflexion – und zu dieser bist nur du in der Lage. Die einzige Person, die dich echt sein lässt, bist du selbst.

ÜBUNG: Eine kleine Aufgabe zur Selbstreflexion: Wie oft nimmst du dir Zeit zur Selbstreflexion?

1. Jeden Morgen fünf Minuten vor der Arbeit, wenn ich auf die Bahn warte.
2. Abends, am Ende des Tages, wenn ich resümiere, was ich alles geschafft habe.
3. Einmal im Jahr zu Silvester.

Scherz beiseite. Überlegst du dir in regelmäßigen Abständen in deinem Leben, was gut läuft und was nicht? Überlegst du dir, was dich als Mensch ausmacht und wofür du dankbar bist? Nein? Dann starte jetzt:

Wie fühlt sich die Übung für dich an? Es ist schön, Klarheit zu haben, oder? Bist du ganz du selbst, so bist du frei und autark und widersetzt dich der Beurteilung anderer.

Authentisch zu leben, bedeutet manchmal auch, auf das Missfallen seiner Mitmenschen zu stoßen. Das führt dazu, dass es eben nicht immer so einfach ist, ganz wahrhaftig zu leben. Wir Menschen sind einfach soziale Tiere. Seit der Steinzeit ist klar: Als Individuen haben wir schlechtere Überlebenschancen. In der Gruppe, im Verbund oder als Familie bessere. Um dies zu gewährleisten, wurden Regeln aufgestellt. Manche davon wurden klar kommuniziert, wie Gesetze oder firmeninterne Regeln, und in der Gruppe abgestimmt, andere sind unsichtbar. Jede Gruppe hat ihre eigenen Regeln und Normen zum sozialen Miteinander, an die sich ihre Mitglieder halten müssen. Noch immer sind wir psychosozial darauf trainiert, diese Regeln, die auch das Menschliche im zwischenmenschlichen Verhalten sichern sollen, einzuhalten. Nun sind wir alle keine Neandertaler mehr und vor Säbelzahntigern müssen wir auch nicht flüchten. Dennoch: Dieser Code, dass wir uns still und kooperativ in ein soziales Gefüge einreihen und das Verhalten der anderen nachahmen, ist in unserer sozialen DNA festgeschrieben.

Unsere täglichen Kämpfe entscheiden heute nicht mehr über Leben oder Tod. Es geht eher darum, abends sein Kind müde zu bekommen, damit es endlich schlafen geht. Dass der Vorgesetzte unsere Arbeit wertschätzt, Kunden uns nicht auf die Nerven gehen, wir im Feierabendverkehr noch einen Parkplatz finden, endlich die zehn Pfund abnehmen, die wir zu viel am Bauch haben ... So viele Lebensentwürfe prasseln als Eindrücke auf uns ein (durch unser direktes Umfeld, die «Gesellschaft» oder die Medien) und geben uns einen Einblick, wie unser Leben sein könnte, sein müsste. Sie verführen aber auch zur Überanpassung. Wir fühlen uns unangenehm berührt, schamhaft, wenn wir aus diesem Regelkorsett ausbrechen. Dies resultiert in Aussagen wie «Aber dann gucken mich alle so komisch an», «Was sollen denn die anderen denken?» oder «Was, wenn den anderen das nicht gefällt?»

Das sind die sozialen Richtlinien, an denen wir uns gern langhangeln, um zu gefallen. Das sind aber auch die Fallen, die meist dazu führen, dass wir uns einschränken. Dass dabei unsere eigene Glaubwürdigkeit verloren geht, das erzählt uns keiner. Da musst du von selbst drauf kommen, diese Richtlinien begreifen, sie verstehen und beginnen, gegebenenfalls auch mit der Ablehnung anderer zu rechnen, wenn du eine Sache wirklich willst.

Radikale Ehrlichkeit findet gerade vielleicht noch außerhalb deiner Komfortzone statt. Es bedeutet, dass du hier und da gegebenenfalls aneckst, weil andere Menschen dein Vorgehen und deine Art nicht mehr nachvollziehen können. Entziehst du dich ihnen, heißt das, dass du ihnen als Teil der harmonischen Gemeinschaft vielleicht nicht mehr zur Verfügung stehst. Die meisten Menschen werden dir dann mit höflicher Distanziertheit begegnen. Manche offen skeptisch. Manche werden sich über dich lustig machen. Sie können dein «Aussteigen» auch als Kritik an ihrem eigenen Lebensstil empfinden und reagieren daher unter Umständen sogar wütend. Aber weißt du, das kann dir egal sein. Die Reaktionen deiner Mitmenschen sind vollkommen normal.

Von Bertolt Brecht stammt das Zitat: «*Jeder möge sein eigener Geschichtsschreiber sein, dann wird er sorgfältiger und anspruchsvoller leben.*» Besser könnte ich es nicht ausdrücken, wenn es darum geht, dich selbst zu ermächtigen, dich auf der Bühne des Lebens zu präsentieren, wie du bist. Jetzt hast du z. B. einen Job, der dich nicht erfüllt. Du wirst umhergescheucht, musst Aufgaben erledigen, auf die du keine Lust hast oder die dich nicht fordern, und dann kommt deine Chefin daher und meint, dich für etwas kritisieren zu müssen, das der Inbegriff von Irrelevanz ist. Du weißt, dass du gute Arbeit machst, und dir dann so etwas anzuhören, lässt dich innerlich kochen. Du fühlst dich möglicherweise falsch behandelt. Doch was machst du jetzt? Du sagst gar nichts. Du nimmst es hin, denn es ist unangenehm, etwas zu sagen, was der Aussage einer höhergestellten Person widerspricht. Es ist unangenehm, deine eigene Meinung kundzutun, aus der Angst heraus, dass dies Konsequenzen für dich haben wird. Es ist unangenehm, eine Grundsatzdiskussion zu führen, weil du vergessen hast, in der Mitarbeiterküche die Bohnen im Kaffeevollautomat nachzufüllen, und das bitte schön auch mal andere machen könnten. Die Komfortzone sorgt in solchen Beispielen dafür, dass du dir Dinge aus Bequemlichkeit oder auch aus Angst gefallen lässt. Und so kommen wir zum zweiten Punkt.

Ängste können uns verändern. Sie können uns eine Maske tragen lassen, durch die wir entspannt wirken, obwohl wir innerlich auf

Alarmstufe zehn sind. Wir verstellen uns, nehmen nach außen hin eine andere Haltung ein, auch wenn dieses Verhalten das Gegenteil von unserem wahren Ich sein kann. Schließlich ist uns daran gelegen, nicht zu widersprechen, sondern ein Teil der Gruppe zu sein.

Die oben ausgeführte Situation mit der Chefin kennt jeder von uns in irgendeiner Weise und im Grunde ist sie eine Kleinigkeit. Das Erschreckende aber ist: Wir sollten in solchen Situationen abwägen, was wir tun möchten. Wir machen dies aber häufig nicht. Um des Friedens in der Gruppe willen, bleiben wir reflexartig stumm oder stimmen zu. Unsere Energie ist ja auch begrenzt und nicht immer lohnt sich der Aufstand. Du willst nicht morgens schon den Streit mit den Kindern, weil sie nicht aufstehen wollen. Du willst im direkten Anschluss nicht den Streit mit dem Partner, weil er seine Kaffeetasse nur auf und nicht in die Spülmaschine stellt. Ja, der Typ in der Bahn telefoniert viel zu laut. Das ist rücksichtslos, deswegen gehst du aber noch lange nicht hin, um was zu sagen. Für die Chefin im Beispiel oben hast du auch direkt ein paar passende Worte im Kopf, schluckst sie aber runter. In jeder Interaktion mit einer anderen Person müssten wir im Grunde abwägen: Heißt «Ich sein» automatisch, dass es Spannungen mit meinem Umfeld geben wird? Nein, Quatsch. Es ist okay, einen friedlichen Umgang mit seinen Mitmenschen haben zu wollen. Es ist aber auch okay, sich in solchen Fällen authentisch zu zeigen. Warum, zeigt dir das nächste Beispiel.

Wir kennen diese Tage: morgens zu spät aufgewacht, der Morgen startet stressig. Aus dem Haarnest auf deinem Kopf willst du eine Frisur formen. Dein Spiegel verrät dir aber, dass du gescheitert bist. Auf dem Weg nach draußen siehst du noch im Augenwinkel, dass du einen Fleck auf deiner Hose hast. Na toll. Die letzten Minuten reichen nicht, um sich noch mal umzuziehen. Du musst pünktlich bei der Arbeit sein. Den ganzen Vormittag über fühlst du dich unwohl. Jeder muss doch den Fleck auf deiner Hose und die zerzausten Haare bemerken. Das ist aber deine Bewertung deiner selbst. Die anderen werden dein Äußeres wahrscheinlich gar nicht bemerken. Eigentlich kannst du drauf pfeifen. Denn authentisch sein heißt vor allem, die Sichtweise des anderen nicht mehr positiv beeinflussen zu wollen. Dann kannst du alles loslassen. Dann bist du frei.

Kommen wir noch mal zu sprechen auf die aktuelle Zahl der Erdbewohner. Acht Milliarden Menschen mit Wünschen, Träumen und Bedürfnissen. Das bedeutet, dass es acht Milliarden Menschen gibt, denen es genauso geht wie dir. Vielleicht träumt deine Nachbarin davon, eines Tages als Sängerin auf einer Bühne zu stehen. Auf der Arbeit gibt es ein Vorhaben, dass voll vor die Wand zu fahren droht, und dein Partner will es seinem Vorgesetzten sagen. Jetzt mal ernsthaft: Findest du irgendetwas davon verwerflich oder peinlich? Ich wette, deine Antwort ist Nein. Zögen die beiden ihr Ding durch, was würde passieren? Nichts. Zumindest nichts Schlimmes. Nichts, das einen permanenten Schaden anrichten würde. Schlechte Gesangsauftritte vergisst ein Publikum schnell. Auf der Arbeit gehört es dazu, dass nun mal einer die schlechte Botschaft verkünden muss. In beiden Beispielen wird klar: Wir überschätzen unsere Wirkung auf andere massiv.

Jeder ist einzigartig auf seine oder ihre ganz besondere Art und Weise. Und die Leute mögen dich genau deshalb: weil du so bist, wie du bist. Ich kann dir versichern, dass diejenigen, die sich mit dir als Mensch identifizieren können, auch zu dir kommen und halten werden.

Wir halten fest: Es kann am Anfang vielleicht schwer sein, immer transparent und integer zu sein, wenn du es bisher nicht warst. Menschen neigen gern dazu, sich vor Veränderungen zu drücken oder zu verstecken. Sie riskieren dabei lieber, unglücklich zu bleiben, als den Veränderungsprozess anzustoßen. Da haben wir es wieder. Eine Sache der Komfortzone. Dort ist es gemütlich. Dort finden aber auch keine Veränderungen statt. Doch wenn du es erst mal gelernt hast, unabhängig von anderen deine Entscheidungen zu treffen, schaffst du es, deine Nächstenliebe und Güte authentisch zu leben. Dann werden die Menschen zu dir kommen, die ihre eigene Individualität auch authentisch leben. Du musst keinen Schein wahren für eine Handvoll Menschen, wenn du, Herzensmensch, ebenso dein wahres Ich sein kannst, für genau die richtigen Menschen.

Hinzu kommt – und das geht jetzt ganz besonders an dich, wenn du einen Coach suchst -, dass wir gern dazu neigen, alles sehr schnell haben zu wollen. Es gibt für vieles einen *Schnellkurs*, der uns in möglichst kurzer Zeit möglichst große Ergebnisse liefern soll. Dieses Prinzip mag zwar als Minimalprinzip in der Wirtschaft funktionieren, doch in der Entwicklung deiner Persönlichkeit geht das leider nicht. Hier gibt es eine Einleitung und einen Hauptteil. Einen Schluss suchst du vergeblich, denn den gibt es nicht. Man ist nicht «fertig gecoacht» und dann für immer glücklich bis ans Ende aller Tage. Jeder Aspekt deiner selbst ändert sich im Verlauf deines Lebens. Wir Menschen sind in konstanten Veränderungsprozessen, weil wir lernen, weil wir wachsen, weil sich unser Fokus ändert.

Welcher Mensch du bist und was dich glaubwürdig und echt macht, wandelt sich also mehrfach im Laufe deines Lebens.

Wie oben gesagt: Die sozialen Medien vermitteln uns Bilder von vermeintlichem Perfektionismus und Erfolg, und dass damit dann schon das Glück kommt. So wird auch immer ein Mangel suggeriert, der aber gar nicht da ist. Vergleich das mal mit dem realen Leben. Du stehst auf einer Party, lernst einen Unbekannten kennen. Nach kurzer Zeit schon fängt der Typ an, nur noch von sich zu reden. Sein Haus, sein Auto, sein super tolles XY. Es gibt kein anderes Thema. Du merkst schnell: Das hat wenig Substanz. Weil das so oberflächlich ist, bekommst du innerlich die Krise. Alles, was dieser Typ erzählt, ist oberflächlich und im Grunde inhaltslos. Jemand, der sich meint «groß» machen zu können, indem er andere «klein» macht, ist peinlich. Bei realen Begegnungen würden wir eine solche Situation nicht lange erdulden und wahrscheinlich unter einem Vorwand das Gespräch verlassen. Machst du das in deinem Leben auch? Beendest du Einfluss, der wertlos ist?

Mit wertlos meine ich an der Stelle «ohne Werte». Versteh mich nicht falsch: Ich habe nichts gegen Erfolg. Ich will dich gerade dazu befähigen, Großes zu bewirken. Für dich privat oder in einer Funktion als Coach. Dann dient das Reichwerden keiner höheren Sache, sondern ist nur ein Selbstzweck. Doch mit dem Vermögen, mit dem Erfolg, stellt sich nicht automatisch das Glück ein. Dies kommt erst, wenn wir ein wert(e)volles Leben führen.

WAS SIND WERTE?

Werte sind nichts weniger als das, was dich authentisch sein lässt. Sie sind unser innerer Kompass im Leben. Wie kleine, unscheinbare

Fäden, die dem Stoff unseres Lebens eine besondere Farbe geben und jede unserer Handlungen prägen. Deswegen ist es enorm wichtig, sie zu kennen. Machst du sie dir nicht bewusst, hast du keine Ahnung, aus welchem Faden dein Leben gewebt ist und sein wird.

Werte sind unsere Vorstellungen davon, wie sich Menschen verhalten sollen. Unser eigenes Verhalten schließt das mit ein. Wenn wir nicht nach ihnen handeln, fühlen wir uns elend. Handeln wir nach ihnen, fühlen wir uns erfüllt und im Reinen mit uns selbst.

Kennst du noch den Film *Braveheart*? (Achtung: Spoiler Alarm!) Mel Gibson, mit blau angemaltem Gesicht, spielt den Rebellen William Wallace, einen Schotten, der sich gegen englische Besatzer auflehnt. Andere schließen sich ihm an, sie werden eine Armee der Aufständischen. Wallace wird gefangen und hingerichtet – ohne Angst vor dem Tod zu haben oder irgendetwas davon zu bereuen. Auf dem Schafott schreit er laut: «Freiheit!» Man muss kein Genie sein, um zu erkennen, was sein Kernwert im Leben war. Dieses – zugegeben sehr drastische – Beispiel macht deutlich, mit welcher Energie sich unsere Werte ihren Weg bahnen können. In solchen Momenten bist du du selbst. Dann bist du echt. Du merkst hieran auch: Für das, was uns wirklich etwas bedeutet, sind wir bereit, zum Teil massive, auch negative, Konsequenzen in Kauf zu nehmen.

Die Auswahl an Werten ist groß und das Spektrum an Verhaltensweisen und Lebensentwürfen, die sich daraus ergeben, noch größer. Aber es geht allein darum herauszufinden, was dir am wichtigsten ist. Wertvorstellungen sind so individuell wie die Augenfarbe eines jeden Menschen. Während A seine Favoriten hat, hat B ganz andere und C kann mit der Haltung von A und B rein gar nichts anfangen. Ich möchte dir mit diesem Thema nahebringen, wie wichtig es ist, sich mit sich selbst zu beschäftigen. Wer seine Werte kennt, kennt den Grund für jeden Antrieb im Leben – sei es als angehender Coach oder als Suchender. Im Folgenden findest du eine Liste, die dir gute Dienste bei der Auswahl deiner persönlichen Werte leisten wird. Damit du auch nicht leer ausgehst und bereits beim Lesen das eine oder andere Aha-Erlebnis haben kannst, findest du nachfolgend eine Übung.

ÜBUNG: Wie lauten deine Werte? Was sind deine tief verankerten Überzeugungen, wie Menschen sich zu verhalten haben? Welche Prinzipien sind für dich von Bedeutung? Nimm dir noch mal einen farbigen Stift und kreise unten deine fünf wichtigsten Werte an. Solltest du Probleme haben, aus dem ganzen Katalog die fünf ultimativen Werte zu finden, dann nutze zwei oder mehr Farben. Welche Einstellungen zu Dingen, Menschen und Sachen sind dir enorm wichtig und welche eher zweitrangig? Vielleicht hast du auch Gedanken zu den Werten. Dann schreibe sie einfach dahinter.

Nur mal so nebenbei erwähnt, es gibt mehr als 100 Werte. Hier findest du nur einige gelistet. Falls dir etwas einfällt, das nicht auf dieser Liste steht, zögere nicht und ergänze es einfach. Gelesene und vollgekritzelte Bücher sind doch die besten Bücher.

Respekt	Abenteuerlust
Gerechtigkeit	Beharrlichkeit, Ausdauer
Kreativität	Diplomatie
Optimismus	Flexibilität, Spontanität
Geduld	Freundschaft
Fürsorge	Akzeptanz
Fairness	Spiritualität
Gesundheit	Offenheit
Empathie	Humor
Schönheit	
Glaube	
Frieden, Harmonie	
Nachhaltigkeit	
Sicherheit	
Anstand	
Toleranz	
Zuverlässigkeit	
Tradition	
Unabhängigkeit	

Hier ein paar Impulse:

- Das Schöne an diesem Thema ist, dass es keine richtigen und keine falschen Antworten gibt. Es ist schließlich so, dass die Werte, die wir leben, auch dem entsprechen, wer wir sind. Meist bekommen wir diese durch unser näheres Umfeld vermittelt. Sehr stark spielt dabei die Familie eine Rolle. Falls du Schwierigkeiten hast herauszufinden, was für dich bedeutsam ist, such doch mal bei deinen Verwandten. Welche Werte haben dir deine Eltern, Großeltern, Geschwister vorgelebt? Kannst du einige davon auch an dir entdecken?

- Es gibt so viele Werte und du kannst dich irgendwie mit allen identifizieren? Dann kreise erst mal die zehn wichtigsten für dich ein und sortiere anschließend aus, bis du bei fünf bist.

- Du tust dich bei der Auswahl deiner Top fünf immer noch schwer? Dann schreib die Werte, bei denen du bisher in Resonanz gegangen bist, einzeln auf jeweils einen Zettel. Lege sie nun nebeneinander. Wenn du zwei Werte nun miteinander vergleichst, welcher ist dann wichtiger? Kannst du einen Begriff aussortieren, der dir vielleicht weniger wichtig ist? Mache diesen Vergleich, bis du nur noch fünf Zettel vor dir liegen hast.

- Kleine Gedankenstütze: Du möchtest selbst nach diesem Prinzip leben und möchtest auch, das andere es tun. Tun sie das nicht, wird dich das mit Sicherheit stören. Worüber

hast du dich zuletzt so richtig aufgeregt? Was war der Grund dafür? Könnte das eine Aussage darüber sein, was dich im Innersten bewegt hat?
Ein Beispiel: Akzeptanz ist dir ein Kernwert. Dein Lebensmotto ist praktisch «Alles annehmen, was ist. Lieber den Fokus darauf setzen, dass die Dinge funktionieren». Als eure Abteilung umorganisiert wurde, warst du zwar nicht begeistert, hast dich aber schnell mit den neuen Aufgaben vertraut gemacht. Deine Arbeitskollegin hat sich drei Wochen später noch gegen die Zusammenlegung gesperrt. Dass sie den Umstand nicht akzeptieren wollte, hat dich einfach nur genervt.
Gab es kürzlich Dinge, Verhaltensweisen von Personen oder Umstände, bei denen du eine besondere (für dich außergewöhnlich emotionale) Reaktion hattest?

- Wenn du dich mit dieser Übung klar für ein im wahrsten Sinne des Wortes wertvolles Leben entscheidest, dann liegt es auch in deiner Verantwortung, diese Werte mit Leben zu füllen. Ein Beispiel: Es bringt dir nichts, wenn du sagst, dass dir Familie wichtig ist, du deinen Eltern aber nur «Frohe Weihnachten» wünschst und sonst das Jahr über nicht mit ihnen sprichst. Ein anderes Beispiel ist Disziplin. Wenn du dies angekreuzt hast, musst du dir auch bewusst sein, dass du immer in der Lage sein musst, etwas für deine Ziele zu tun. Lebst du bereits schon so, und zwar im Innersten erfüllt, oder sind das vielleicht doch nur Tugenden, von denen du denkst, dass es sicherlich gut wäre, sie zu haben? Wenn du dir nicht sicher sein solltest, dann leg das Buch erst mal weg und mach die Übung zu einem späteren Zeitpunkt noch mal.

Unsere moralischen Vorstellungen sind so ziemlich in Stein gemeißelt. Dieser ethische Kompass, den wir im Herzen tragen, begleitet uns ein Leben lang und weist uns die Richtung. Die Wahrscheinlichkeit, dass sich dieser im Leben ändert, ist möglich, passiert aber selten.

Vorsicht: Viele Menschen verwechseln Werte damit, wie sie sich verhalten *wollen*. Die oben genannten Stichpunkte können auch als Fertigkeiten verstanden werden, die du dir im Laufe deines Lebens *zusätzlich* zu deinen Werten aneignen kannst.

Ist Respekt einer deiner Werte? Wenn es dir wichtig ist, dass Menschen dich ansehen und achten für das, was du bist, dann sollte dieser Wert auf deiner Liste stehen. Nach innen, wie nach außen. Die Menschen sollen dich respektieren, dann respektiere sie und vor allem dich selbst. Mit deinen Ecken und Kanten. Die gehören dazu und machen jeden von uns einzigartig. Vorsicht aber! Werte scheinen edel und tugendhaft. Auf die Frage, ob dir dieser oder jener Begriff wichtig ist, wirst du vermutlich mit Ja antworten. Jeder möchte angenommen werden, genau so, wie er oder sie ist, wie im oberen Beispiel. Auf die Frage, ob man Gerechtigkeit für wichtig hält, würden die meisten Menschen mit Ja antworten. Ebenso bei Freundlichkeit, Menschlichkeit, Toleranz. Da würde wohl niemand ablehnen. Das Prinzip ist, glaube ich, klar geworden.

Was ist z. B. mit Offenheit? Du musst dir selbst sowie anderen gegenüber offen sein. Verstecke dich nicht vor dir. Wenn du dich kennst, was sollen andere dir dann noch einreden können? Besonders im Coaching, aber auch außerhalb, ist es wichtig, dass du über die Wertigkeit deiner eigenen Geschichte Bescheid weißt. Zu wissen, woher wir kommen, hilft uns nun mal zu wissen, wohin wir wollen, und das ist exakt das, worum es in diesem Buch gehen soll. Hinzu kommt auch die Offenheit gegenüber neuen Menschen und Möglichkeiten. Sie erweitern deinen Horizont und ermöglichen dir neue Blickpunkte sowie Erkenntnisse.

Was ist mit der Geduld? Du wirst die Antworten, die du suchst, nie auf einmal finden und das Ganze in zehn Minuten. Der Weg, den du beschreitest, ist lang und hat – wie schon einmal gesagt – kein wirkliches Ende. Da das Leben ein ewiges Auf und Ab ist, gepaart mit andauernder Veränderung, ist Geduld eine der wichtigsten Eigenschaften. Wir können nur dann unverfälscht sein, wenn wir uns Raum geben, uns zu erkennen und zu verstehen.

Als letztes Beispiel gucken wir uns die Akzeptanz an. Durch die Offenheit lernen wir uns sowie unsere Vorgeschichte besser kennen, doch können wir sie auch ganz annehmen? Ändern können wir sie definitiv nicht, daher ist der Schritt der Akzeptanz ein nötiger und wichtiger Schritt. Vor allem darf sie nicht als Rechtfertigung für früheres oder zukünftiges Verhalten genutzt werden. «Ich kann ja nicht, weil …» ist ein Gedanke, den du hoffentlich nicht mit dir herumträgst. Der Philosoph Seneca hat Folgendes gesagt: *«Stolper nicht über das, was hinter dir liegt»*. In der Vergangenheit liegen Antworten. Traue dich zurückzublicken und nimm sie an.

Das waren nur drei Beispiele für Eigenschaften, die wichtig sein können, wenn es darum geht, menschlich und authentisch zu sein. Vielleicht sind dies bereits tief verankerte Werte in deinem Leben. Falls nicht, kannst du sie als Fertigkeiten entwickeln.

All dies sind Grundpfeiler eines friedlichen Zusammenlebens, wie bereits oben geschildert. Aber sind es auch Tugenden, die du gut findest, oder Haltungen, die oberste Priorität in deinem Leben haben?

Denk daran, dass jeder sein eigener Geschichtenschreiber ist. Du darfst und sollst dein Ich frei entfalten, kannst aber auch Neues lernen, das dich zu einem guten Coach macht und dich in deiner Authentizität stärkt.

Bist du als Coach tätig, ist es in erster Linie wichtig, dass du deine Prioritäten kennst. Was ist dir in deinem Leben wichtig? Ohne zu wissen, was dir wichtig ist, kannst du deinen Kunden kein guter Coach sein oder wirst dir umgekehrt einen für dich unpassenden Coach aussuchen. Die Menschen interessieren sich für Persönlichkeiten und nicht für leere Hüllen. Gib dir Zeit mit dem Bewusstmachen deiner Werte, denn es ist auch nicht so, dass diese leicht auszumachen sind. Es ist Mühe, Selbstreflexion und Arbeit, die du in dich selbst stecken musst, um festzustellen, was dich zu der Person macht, die du bist und die du der Menschheit präsentieren möchtest. Sagen wir, du weißt nun, dass dir Ästhetik sehr wichtig ist und dass du Menschen in ihrem ästhetischen Empfinden fördern möchtest. Daraus könnte sich ableiten: Als Beauty Coach hilfst du Menschen nach Operationen und Unfällen, ein neues Körper-(Wohl-)Befinden zu erlangen. Deinen Coachees verschaffst du neues Selbstwertgefühl und damit Selbstbewusstsein. Auf diese Art lebst du gleichzeitig nach deinen Werten Ästhetik und Schönheit.

Ebenso verhält es sich, wenn du auf der Suche nach einem Coach bist. Weißt du, was du möchtest? Was willst du anvisieren? Decken sich die Wertvorstellungen des Coaches mit deinen eigenen? Das ist wichtig, damit du dich dieser völlig fremden Person gegenüber wirklich öffnen und dich ihr anvertrauen kannst.

Das Bewusstsein für die eigenen moralischen Auffassungen schafft es, dass wir offener werden für die Menschen um uns herum. Dass wir strahlen, sichtbar werden und genau die Menschen anziehen, die wir brauchen. Ob wir sie nun kennen oder nicht. Das passiert, wenn du aufrichtig lebst und dein Ich erstrahlen lässt. Also merke dir, dass deine Werte dich zu der Person machen, die du bist. Sie verleihen dir Charakter und helfen dir dabei, neue Menschen kennenzulernen, die dich bei deinem Werdegang begleiten werden. Was dies bedeutet und welche Auswirkungen dein moralischer Kompass im Detail auf dein Leben hat, wirst du im Folgenden erfahren.

DEINE ROLLE

Jeder von uns hat eine Rolle, die perfekt auf ihn oder sie zugeschnitten ist. Kennst du deine Rolle? Die Antwort muss auf jeden Fall Ja lauten, wenn du Coach werden möchtest. Genauso ist es, wenn du einen Coach suchst.

Kommen wir noch mal auf die Eindrücke zu sprechen, die uns umgeben. Andere Menschen haben Meinungen, Ideen, Vorstellungen, Regeln oder Richtlinien. Wir neigen gern dazu, uns zurückzunehmen, um diesen Dingen zu genügen und um uns anzupassen. Du weißt jetzt schon mal, worauf es ankommt, wenn du menschlich und authentisch sein möchtest. Genauso weißt du auch, was Werte sind und welche Bedeutung sie haben.

Jetzt überlege dir, wenn du diese Dinge kennst, wie deine Rolle im Leben aussehen soll und darf. Welche Position nimmst du für dein Gegenüber ein? Das Gegenüber ist hierbei unabhängig vom Coaching zu betrachten. Lass es deine Eltern, deine Arbeitskollegen oder deine Freunde sein. Mit jeder Rolle sind Erwartungen verknüpft, die du hoffentlich kennst und mit denen du dich wohlfühlst.

Was zeichnet dich als Mensch aus? Was schätzen andere Menschen an dir? Worin bist du richtig gut?

....

....

....

Es gibt unzählige Rollen und jede ist so individuell, wie die Linien auf der Handfläche eines Menschen. Jeder Mensch kann seine eigene einnehmen. Wir müssen uns dabei nicht neu erfinden, sondern müssen viel mehr auf uns hören, denn die Antworten dazu liegen oft in uns anstatt um uns herum. Es geht vielmehr darum, dein Sein zu entfalten. Denn dein Sein darf erstrahlen, deinem ganz individuellen Charakter entsprechend.

Harte und ehrliche Arbeit wird auf dich zukommen, wenn du damit beginnen möchtest, anderen Menschen ein Coach zu sein. Ich kann dir mit Sicherheit sagen, dass es nicht ausreichen wird, wenn du sagst, dass du Menschen helfen möchtest. Du musst auch sagen können, worin und wodurch sie bei dir in ihrer persönlichen Weiterentwicklung bestärkt werden. Wobei möchtest du helfen? Welche deiner Werte und Überzeugungen geben dir für deine Arbeit die Richtung vor? Deine Geschichte kann dir dabei ein wichtiger Hebel sein, aber dazu kommen wir im nächsten Kapitel.

Und genau mit diesen Worten kommen wir zu dem Thema, welches das Ganze noch interessanter, aber vor allem fordernd macht. Die Schwierigkeiten dabei, ein integrer und glaubwürdiger Coach zu sein.

DEINE PERSON ALS KERN DES COACHINGS

Hast du das Privileg sowie das Vergnügen, dass die Menschen zu dir kommen, weil sie dir vertrauen, weil sie eine Verbindung zu dir spüren, dann hast du alles richtig gemacht. Als Coach bietest du Menschen ein Produkt an, doch dieses Produkt bist du selbst – mit deinen Charaktereigenschaften, Werten, Erfahrungen und Fähigkeiten. Je mehr Einsatz du in diese Aspekte investierst, umso sicherer und vor allem authentischer wirst du als Person sein. Doch es ist eben ein großes zeitliches Unterfangen, weil diese Reise niemals enden wird. Halten wir also fest: Dein Produkt steht und fällt mit deiner Person. Wir haben bereits sehr viele Worte darüber verloren, doch es ist ein so wichtiges Thema, dass ich diesem noch einen kleinen extra Abschnitt widmen möchte. Hier hast du noch einmal die Möglichkeit, das Ganze etwas zu reflektieren und zu festigen.

ÜBUNG FÜR COACHES

Was willst du in der Welt verändern?

Welche Werte, Erfahrungen usw. kannst du dafür nutzen?

Was fehlt noch? Welche Eigenschaften musst du entwickeln, um anderen bestmöglich helfen zu können?

Wobei kannst du anderen einen Mehrwert bieten? Was willst du bei deinen Coachees als Coach verändern?

Bist du gewillt, geradezustehen für dein Leben und dein Dasein? Lässt du dein Sein erstrahlen?

ÜBUNG FÜR COACHEES

Welches Problem möchtest du angehen? Worin möchtest du noch wachsen?

Ich, (Name), verpflichte mich hiermit, Verantwortung für meine Entwicklung zu übernehmen – mit all ihren Höhen und Tiefen.

Woran erkennst du, dass du angekommen bist, dass der Coaching-Auftrag erfüllt wurde?

Welche Werte sind dir dabei wichtig und welche Auffassung sollte dein Coach für eine gute Zusammenarbeit vertreten?

Gib dir Zeit und überstürze die Antworten nicht. Nicht ohne Grund heißt es, dass in der Ruhe die Kraft liegt. Selbstverständlich wirst du nicht die ultimativen Antworten in Form eines Rundum-sorglos-Pakets finden, aber es schränkt den Suchradius doch erheblich ein. Mit den oben genannten Leitfäden kommst du leichter zu Ehrlichkeit und Klarheit. Denn, was wären wir ohne?

EHRLICHKEIT UND KLARHEIT

Als Coach, wie auch als Coachee, sind Ehrlichkeit und Klarheit essenziell für den eigenen Fortschritt, die Erkenntnisse und das persönliche Wachstum, das gemeinsam angestrebt werden soll.

Hast du als Coach erst einmal deine Coachees gefunden, geht es darum, die Balance zu finden und nicht direkt Vollgas zu geben. Hier geht es darum, die zwischenmenschliche Beziehung aufzubauen. Sollte es nicht so sein, bist du dann dazu bereit, die Reißleine zu ziehen? Diesen Fragen musst du Aufmerksamkeit schenken.

Du bist die einzige Person auf der Welt, die dich so gut kennt, wie du bist, und daher ist es deine Pflicht, dich und dein Handeln zu reflektieren. Das kannst du jedoch nur, wenn du dir Ruhe und Zeit gibst. Sei dir selbst gegenüber offen und neugierig. Versuche nicht, zu viel auf einmal erreichen zu wollen. Ebenso solltest du als Suchende oder Suchender nie vergessen, dich zu fragen, ob das, was der Coach dir bietet, das ist, was du brauchst, oder ob es dich dahin bringt, wo du hinmöchtest. Wie fühlst du dich nach den Sessions? Beflügelt? Erschöpft? Glücklich? Erschlagen? Das sind alles Gefühle, die du im Nachgang spüren kannst. Schenke ihnen die Aufmerksamkeit, die sie verdienen, um stets zu wissen, ob du auf dem richtigen Weg bist. Und falls dem nicht so ist, solltest du mit deinem Coach das Gespräch suchen.

Eine Verbindung zwischen Menschen ist geprägt von Werten, Emotionen, Gedanken und Mitgefühl. Kannst du dich gut in dein Gegenüber hineinversetzen? Entsprechen deine Wertvorstellungen denen deines Mitmenschen, dem du dich öffnest und hingibst? Was ich dir anrate, ist als Coachee radikale Selbstfürsorge und als Coach radikale Aufrichtigkeit. Nur so kannst du als Coachee die besten Fortschritte erzielen und als Coach Profilschärfe erlangen. Diese Erfolge werden dich motivieren, weiterzumachen, und bestätigen dich darin, wie toll es ist, auf diesem Weg zu sein. Denn, was heißt Erfolg? Die Umsetzung selbst gesteckter Vorhaben. Sei dir und anderen gegenüber ehrlich. Sag, was du fühlst. Wenn es nicht passt, dann passt es nicht. Diese Güte und vor allem diese Achtung musst du besitzen, um deine Vorhaben zu erreichen. Es ist nicht nur der Respekt gegenüber den anderen, sondern auch der Respekt, den du dir selbst zollen musst.

Hier findest du noch mal die wichtigsten Punkte aus diesem Kapitel zusammengefasst:

- Menschlichkeit ist das Miteinander, also die Interaktion, als die Person, die du bist, mit dem Außen. Als Coach und als Coachee gehst du mit Menschen in Resonanz, gleichst die Impulse stetig mit deinen eigenen Gefühlen und Bedürfnissen ab. Als Coachee hast du den Selbstrespekt, bei Abweichungen mit deinem Coach in einen Dialog zu gehen, um für deine Selbstentwicklung das Beste zu erzielen. Als Coach hast du die Demut, deine Person hinten anzustellen und deinen Coachee in seinem individuellen Sein erstrahlen zu lassen. Weichen deine Methoden dabei einmal vom Wunsch deines Coachees ab, akzeptierst du dies, denn das heißt nur, dass du Veränderungen vornehmen darfst.

- Authentizität lässt dich aufrichtig leben. Du kennst nun deinen Kompass im Leben und lebst konsequent danach. Du präsentierst dich als der Mensch, der du bist – auch, wenn dein Umfeld ggf. negativ reagieren könnte. Du lebst nach deinen Werten und somit ein wert(e)volles Leben.

- Werte sind das, was dich antreibt und dich mit Menschen verbindet. Sie sind deine Beweggründe und Motive. Wenn du ihnen entsprechend lebst, fühlst du dich erfüllt.

- Die Rolle, die du in dieser Welt spielst, liegt bereits in dir und nur du allein kannst sie mit Leben füllen. Du hast die Verantwortung dafür. Hierin liegt aber auch der große Schatz, dein Selbst zu erkennen und zum Strahlen zu bringen.

- Es kann schwer sein, sich mit sich selbst zu beschäftigen, doch der Weg ist es wert, gegangen zu werden, um Erfüllung zu finden. Andere mögen dich aufhalten oder unterstützen. Egal. Du hast die Freiheit, deine Authentizität zu leben.

- Sei dir und deinen Mitmenschen gegenüber ehrlich. Ehrlichkeit und Klarheit führen dazu, dass du gleichermaßen die Menschen und Umstände anziehst, die du brauchst.

KAPITEL
2

Du hast auf den letzten Seiten viel über die Frage gelesen, wer du bist. Hast du dich schon mit deinen Stärken und Schwächen auseinandergesetzt? Was, wenn ich dir sage, dass diese genauso zu dir gehören wie deine morgendliche Routine? Damit habe ich dir jetzt bestimmt nicht viel Neues verraten, aber lass uns hier mal in die Tiefe gehen. Jeder Mensch ist schließlich einzigartig mit seiner eigenen Lebensgeschichte. Doch welche Bedeutung hat diese Geschichte für dich und welche Wirkung kann sie haben? Auf dich und auf andere?

Meine Geschichte kennst du bereits ein wenig. Geprägt wurde ich massiv durch meine Erkrankung und Diagnose. Die Diagnose Morbus Crohn hörte sich in meinen Ohren an wie ein lebenslanges Urteil. Aber schlussendlich hat es mich zu der Person gemacht, die ich heute bin.

Ich stand seinerzeit vor zwei Möglichkeiten, als es darum ging, mit dieser Diagnose umzugehen. Wie hefte ich das Ganze ab? Als rein negative Erfahrung oder als eine Art Möglichkeit, das Schöne am Leben zu entdecken? Ich muss dazu erklären: Das klingt jetzt vielleicht einfach. In Wirklichkeit war es ein langer Weg.

Alles, was wir an Erfahrungen sammeln und erleben, hat diese beiden Seiten zur Auswahl. Das Wichtigste ist, dass wir uns im Moment dieser Erfahrung nicht sofort auf eine Seite schlagen. Anstatt alles von vornherein abzustempeln als schlecht, böswillig, aber auch gut und sehr schön, musst du dir im Klaren darüber sein, dass eine Geschichte immer zwei Seiten hat. Das ist bei zwischenmenschlichen Begebenheiten so, aber auch bei Erfahrungen, die nur dir widerfahren. Dein Außen kannst du nicht beeinflussen, aber deine Reaktionen darauf.

Stell dir einen Urlaub auf einer spanischen Insel vor, bei dem es ununterbrochen regnet. Person A regt sich tierisch darüber auf, während Person B sich pudelwohl fühlt. Warum? Person A denkt sich, dass sie ja auch hätte zu Hause bleiben können, wo es immer regnet. Person B hat auf dieser Insel im Regen die Liebe ihres Lebens kennengelernt, während beide zeitgleich zum letzten Regenschirm griffen. Ein bisschen Kitsch schadet nie. Okay, das war jetzt ein bisschen zu klischeehaft. Nehmen wir ein anderes Beispiel: Person B denkt sich, ja, vielleicht hätte sie zu Hause bleiben können, wo es immer regnet, aber hier in Spanien hat sie die Möglichkeit, neue Orte zu entdecken.

Merke: Gleiche Umstände können also zu unterschiedlichen Reaktionen führen. Wie diese Reaktion ausfällt, das liegt an dir.

Und genauso ist das auch bei Erfahrungen und Erlebnissen, die dir widerfahren sind. Selbstverständlich ist es unschön, wenn dein Partner dich verlässt, aber kannst du eventuell etwas daraus lernen? Anstatt den Kopf für immer und ewig in den Sand zu stecken, ist es von enormer Wichtigkeit, dass du verstehst, um welches Leben es sich handelt, das du mit dem Kopf im Sand versäumst. Es ist dein Leben. Ganz klar, es ist vollkommen in Ordnung, wenn du dir den Erkenntnisraum nimmst, um es zu verarbeiten. Doch musst du auch verstehen, dass es weitergeht.

Allerdings ist es keine leichte Aufgabe, von Beginn an eine gute Prise Offenheit gegenüber negativen Erfahrungen zu haben. Das ist keine Ansage für aufgezwungenen Optimismus. *Dein Freund ist weg? Toll, jetzt weißt du endlich, wie sein wahrer Charakter ist. Du wurdest gefeuert? Toll, jetzt hast du zwar kein Einkommen mehr, aber dafür viel mehr Freizeit.* Ganz ehrlich: So denkt doch niemand wirklich. Oder vielleicht für eine Minute, um sich selbst gut zuzureden im Moment des größten Unglücks. In solchen Situationen glänzt du als Mensch, wenn du alles annimmst, was ist. Das Gute und das Schlechte. Wenn sich der Sturm gelegt hat, kann man einsammeln, was nach der Katastrophe übrig geblieben ist. Dann baut man sein Haus neu auf, Brett für Brett. Währenddessen arbeitet der Kopf mit, reflektiert das Erlebte und siebt die Möglichkeiten aus zwischen all den negativen Gefühlen. Aber niemand lächelt in den Tornado hinein.

Wir sehen also: Deine innere Einstellung ist entscheidend und muss trainiert werden wie ein Muskel. Der wächst nur durch Wiederholung. Also, gönne dir auch in schwierigen Zeiten ein wenig Ruhe, um dir klarzumachen, was gerade passiert. Analysiere das Geschehene. Kannst du etwas dadurch lernen und etwas Positives mitnehmen?

Ich habe so oft versucht, gegen den Tornado anzukämpfen. Noch ein Arzt, noch mehr Termine, bangen, zerschlagene Hoffnungen. Der nächste Arzt, die nächsten Untersuchungen, der Versuch, eine normale Teenagerzeit zu leben, und immer wieder depressive Verstimmungen, weil das Leben durch die ständig präsente Krankheit so wenig lebenswert wurde. Schlussendlich machte man mir deutlich, dass ich mit dem Krankheitsbild keine hohe Lebenserwartung haben würde. Das war die Situation, in der ich für mich erkannte, dass ich mich nicht verstecken möchte. Ich trat meiner Krankheit offen gegenüber, sparte mir die Anstrengung, dagegen anzukämpfen, und konnte so mehr über meinen Körper, aber noch mehr über meinen Geist lernen. Manchmal muss man stillstehen im Sturm. Heute bin ich symptom- und beschwerdefrei. Aus dieser Lebensgeschichte entstand mein Motto: Lebe, liebe, lache. Ich konnte den Weg zu meinem Ich finden. Meinem Ich, das ich heute leben darf. Und ich möchte, dass es dir auch so geht.

Welches Ereignis war in deinem Leben einschneidend für dich?

Welche Katastrophe gab es in deinem Leben, die sich im Nachhinein als Glücksfall erwiesen hat?

Welche Ereignisse in deiner Biografie haben dich beeinflusst?

Gibt es einen roten Faden darin? Fasse diesen hier einmal zusammen.

Du, Herzensmensch, solltest dich nicht vor deiner Lebensgeschichte verstecken, denn durch sie kannst du herausfinden, wer du wirklich bist. Erst auf dieser Basis kannst du auch reflektieren, wer du sein möchtest, und dir einen Eindruck davon verschaffen, was dazu nötig ist. Auf der anderen Seite darfst du dich auch nicht hinter deiner Lebensgeschichte verstecken: Sie ist dein Schlüssel zu einer erfolgreichen Tätigkeit als Coach und nicht dein Deckmantel, um in deiner Komfortzone zu bleiben.

DER WERT DES MOMENTES

Wenn wir es uns ganz einfach machen möchten, dann sagen wir einfach, dass jeder Moment unbezahlbar ist. Da stimmst du mir mit Sicherheit zu, oder? Denken wir da einmal genauer drüber nach: Was haben alle Menschen auf der Welt gemeinsam, so verschieden sie auch sein mögen? Zeit! Jeder Mensch hat 24 Stunden am Tag zur Verfügung stehen. Der Unterschied zwischen der Zeit und allem anderen, was wir besitzen können, ist, dass sie endlich ist. An einem bestimmten Datum, das niemand kennt, ist alles vorbei.

Es geht darum, zu erkennen, dass jeder Moment kostbar ist. Wir erleben Momente auf einem Zeitstrahl, den wir entlanghasten, in der Hoffnung, irgendwann anzukommen. Ein Zeitstrahl, auf dem auch negative Erfahrungen liegen, die wir mit offenen Armen annehmen sollten. Warum? Sie machen uns besser. Sie haben das Potenzial, uns resilienter zu machen. Diese Widerstandsfähigkeit kommt nicht von außen, sie beginnt im Inneren.

In seiner Rede in Stanford sagte Steve Jobs: *«Du kannst die Zusammenhänge nur erkennen, wenn du zurückblickst, nicht wenn du versuchst vorauszuplanen.»*

Gib dir etwas Zeit und rufe dir dieses Zitat immer wieder in den Sinn. Erkennst du Zusammenhänge in deinem Leben? Die meisten Menschen müssen erst etwas Negatives erlebt haben, bevor sie wachgerüttelt werden. Erst wenn eine Krankheit eintrifft, ein geliebter Mensch stirbt oder ähnlich dramatische Umstände eintreffen, beginnen sie notgedrungen, auf das Hier und Jetzt zu schauen. Das Leben zwingt sie dazu. Aber es kann auch positive Gelegenheiten in deinem Leben gegeben haben, die für dich von Bedeutung waren und die deine Geschichte ausmachen.

Mit Blick auf die Anzahl an ungewissen Stunden, die dir im Leben bleibt, ist das vielleicht noch mal eine Motivation, dir bald für dein Vorhaben einen Coach zu suchen oder als Coach zu starten.

KOSTBARE MOMENTE

Was deine Geschichte ist, hast du nun herausgefunden. Du weißt nun, welche Ereignisse in deinem Leben für dich prägend waren, und dass du anderen bei der Überwindung des gleichen Problems helfen kannst. An dieser Stelle zeige ich dir, wie du als authentischer Mensch nicht nur ganz bewusst bei dir bist, sondern auch deine Stärken und Schwächen kennst und lebst. Zusammen mit deiner Geschichte wird daraus später ein wichtiger Kompass für dich als Coachee und ein mächtiges Werkzeug für dich als Coach.

Eine schwere Entscheidung, ein schlechter Tag, eine Trennung, ein Schicksalsschlag – alles Möglichkeiten eines schweren Moments. Diese Momente mag keiner. Sie lassen sich nicht schönreden. Wie du schon gelesen hast, ist das Einzige, was wir leben können, die Akzeptanz dessen, was ist.

Überlege dir mal, was wäre, wenn du jeden Moment noch mal ändern könntest. Du sagst oder tust etwas anderes, um ein anderes Ergebnis zu erreichen. Wärst du die Person, die du heute bist? Wärst du der Coach, der du bist? Würdest du den Mut und die Bereitschaft aufbringen, dich auf die Suche nach einem Coach zu begeben? Wahrscheinlich nicht.

Lass uns mal ein kleines Gedankenspiel durchgehen. Mit einer Zeitmaschine könntest du an einen gewissen Ort in deinem Leben zurückreisen. Wo würdest du hinreisen? Was würdest du ändern? Würdest du überhaupt etwas ändern wollen? Möchtest du etwas noch mal erleben? Was gefällt dir an der Reise? Was würdest du gern sehen, fühlen, erleben? Warum würdest du etwas ändern wollen?

Welchen Einfluss haben deine Werte bei der Beantwortung der Fragen oben gehabt? Welche deiner tief verankerten Überzeugungen haben sich hierbei gezeigt?

Wie viele deiner Werte lebst du als deine Stärken aus?

Den Wunsch zu haben, in der Zeit zu reisen, um etwas zu ändern, kann daher kommen, dass du heute in einer Situation bist, die dir nicht richtig erscheint. Daher rührt die klassische Frage nach dem «Was wäre gewesen, wenn …?» Du bist aber bereits dabei, dich zu reflektieren, und spürst, wie sich das eine oder das andere fügt. Nun hast du die Überlegung zu reisen, um etwas zu ändern, was schlussendlich dazu führen würde, dass du nicht mehr an dem Punkt in der Gegenwart ankommst, an dem du denkst, dass du eine Zeitreise machen möchtest.

Anders gesagt: Nimm es so, wie es ist! Das Leben ist ein Geschenk, das du nur einmal bekommst und nicht umtauschen kannst wie einen neuen Fernseher. Höhen und Tiefen gehören dazu. Vermögen und Unvermögen gehören dazu. All das macht dich zu dem Menschen, der du bist, und du darfst mutig sein. Mutig sein, um zu erkennen, wie wertvoll du mit deinen Ecken und Kanten bist, denn jeder hat eine eigene Geschichte. Also, wie lautet deine? Ich gebe dir hier etwas Platz, um dich auszutoben. Erinnere dich an die schweren Momente, die dir vielleicht auch unangenehm sind. Du bist die einzige Person, die in dieses Buch schaut, also trau dich und habe keine Angst. Nimm deinen Stift und schreibe deine Geschichte.

Ein Rat zu der Sache: Gehe offen mit dem um, was du in der Schule des Lebens gelernt hast, und zeige es nach außen authentisch und begeistert. Denn so kommen die Menschen auf dich zu, weil sie entdecken, dass sie etwas von dir lernen können und wollen.

Du kennst das doch bestimmt aus der Schule. Es gibt den Lehrer, der langweilig und monoton seine Inhalte durchgeht. Und dann gibt es die Lehrer, die total gefeiert werden, weil sie die Inhalte authentisch, mit Begeisterung und vollem Einsatz vermitteln. Auf welchen der beiden Lehrer haben die Schüler mehr Lust?

Jetzt kennst du das Geheimnis von Momenten, die Bedeutung deiner Geschichte. Doch bist du wirklich im Reinen mit deiner Vergangenheit – ganz gleich, ob du Coach oder Coachee bist?

SEI STOLZ

Lass mich dir direkt zu Beginn sagen, dass es beim Stolz nicht darum geht, sich geiler zu finden als andere. Bist du stolz auf dich? Sollten wir nicht alle einfach stolz auf uns sein?

Das Wort wird in der deutschen Gesellschaft zum Teil als problematisch empfunden. Zum einen liegt das an der deutschen Geschichte, in welcher der Nationalstolz sich als fatal erwiesen hat. Zum anderen steckt noch der Steinzeitmensch in uns, nur in der Gruppe können wir überleben. Sticht also ein Mitglied aus der Gruppe hervor, weil es seine Taten hervorhebt, könnte dies das Gruppengefüge stören.

Noch heute ist *stolz* gleichbedeutend mit hochmütig, arrogant, überheblich, vermessen. Das ist zugegeben *too much,* wie man im Englischen gern sagt. Wir sollten das Wort neu deuten: Was ist mit beachtlich? Ansehnlich? Kannst du, mit dieser Interpretation im Kopf, stolz sein auf dich und auf das von dir Erreichte?

Beispielsweise hast du deinen Schulabschluss geschafft oder beim Bandcontest den zweiten Platz gemacht. Du hast dir eine Selbstständigkeit aufgebaut, die dir Spaß macht. Dein Familienleben ist von Liebe und Wertschätzung geprägt, und das bringst du deinen Kindern bei. Du bist endlich schuldenfrei. Du hast einen schweren Moment durchlebt und kannst heute offen darüber sprechen. Wenige große Momente, aber auch unzählige Kleinigkeiten, sind es, auf die wir viel häufiger stolz sein dürfen.

Du hast eine Herausforderung gemeistert. Was heißt das denn? Eine neue, unbekannte Situation ist aufgetreten. Einmal, weil sie dir ohne dein Zutun passiert ist (die Garage stürzt ein), oder weil du es selbst wolltest (den Bandcontest gewinnen). In jedem Fall hast du dich dazu entschieden, dich der Situation zu stellen, auch, wenn du vielleicht noch gar nicht wusstest, wie das laufen soll (Greift für die Garage die Versicherung? Was ist zu beachten? Wie begeistern wir beim Bandcontest die Jury? Wie gehen wir mit der Konkurrenz um?). Die Fragen, mit denen du dich konfrontiert siehst, müssen beantwortet werden. Ist das erfolgt, hast du eine Lösung für das Problem. Du hast dir bewiesen, dass du eine Aufgabe, der du zu dem Zeitpunkt noch nicht gewachsen warst, gemeistert hast. Alles, was du dazu brauchtest, hast du bei der

Umsetzung gelernt. Deine Annahmen und Überlegungen zum Erreichen der Lösung waren wirksam. Diese Selbstwirksamkeit ist der Motor für deine persönliche Entwicklung. Und noch mal: Über das Erreichte darfst du dich freuen, du darfst stolz auf dich sein. Alles ohne das Umsehen, ob und wie die anderen es tun. Es geht um dich!

In der modernen Social-Media-Welt neigen wir dazu, uns zu vergleichen. Das Leben anderer Menschen findet auf deinem Handydisplay statt und einen Vergleich erlebst du schneller, als dir vermutlich recht ist, einfach, weil er sich aufdrängt. Weil Soziale Medien so angelegt sind, dass sich der Vergleich aufdrängen soll. Doch sind diese Leben, die wir dort sehen, immer rosig und authentisch? Wir können es nicht wissen, denn die sozialen Netzwerke sind eine Bühne, die stark zur Selbstdarstellung einlädt. Mit der eigenen wahren Identität hat das meist wenig zu tun. Viel Schein treibt sein Unwesen und das Sein steht schüchtern in der Ecke, um zuzugucken. Durch die ständige Konfrontation mit vermeintlich perfekten Leben fühlen wir uns einem enormen Druck ausgesetzt, der sich oftmals negativ auf unser Selbstbild auswirkt und damit auch unseren Stolz empfindlich schwächen kann. Wir müssen mehr schaffen in kürzerer Zeit. Aber wer sagt denn, dass du dich an einem dieser vermeintlich perfekten Lebensentwürfe orientieren sollst?

Stolz kann ein beflügelnder Faktor sein, wenn du dich entfalten möchtest. Es geht dabei darum, zu seiner Geschichte zu stehen. Sind wir doch mal ehrlich: Es fühlt sich einfach gut an, zu sagen, dass du dieses oder jenes geschafft hast. Das macht dich stark. Das macht dich auch unabhängig von anderen. Dann kannst du später deinen Unterstützern danken, aber auch denjenigen, die nicht an dich geglaubt haben. Einfach, weil du schon im Vorfeld an dich geglaubt hast und wusstest, du würdest die notwendigen Kompetenzen schon noch entwickeln. Also überlege dir ein paar Dinge, Momente, Erfolge, auf die du wirklich stolz bist. Dies kann eine unvorhergesehene Situation gewesen sein, die du entgegen deiner Erwartungen gemeistert hast. Das kann ein Problem gewesen sein, das du beseitigt hast, eine Schwäche, die du überwunden hast.

Ich möchte dir den Tipp geben, dir diese Punkte zu notieren. Am besten auf einem Stück Papier. Zerschneide es entsprechend in passende Stücke und wirf die Zettel in ein Glas. Jedes Mal, wenn du beginnst, an dir zu zweifeln, an deinem Weg oder einem Projekt, einer Aufgabe, die zu groß erscheint, oder wenn du einen miesen Tag hattest, zieh einen der Zettel aus dem Glas und lies dir dein Geschriebenes durch. Ruf dir den beschriebenen Moment ins Gedächtnis und stell dir die Frage, wer die geilste Sau in deinem Leben ist. In den Momenten hast du dir etwas vorgenommen und trotz Ungewissheit, Unkenntnis, Panik, oder was auch immer vorlag, hast du dich dazu entschieden, dich dem zu stellen, und es erfolgreich abgeschlossen. Dein Selbst durfte wirken, durfte sein.

Das Fantastische am Stolz ist, dass er dich mutig macht für neue Herausforderungen und Möglichkeiten. Er macht auch neugierig darauf, was du noch anvisieren möchtest, wo du noch wachsen kannst.

Wenn jemand auf dich zukommt und dir die Chance bietet, vor mehreren Leuten einen kleinen Vortrag über dein Lieblingsthema zu halten, dann wirst du erst mal etwas nervös. Rufst du dir dann aber immer wieder in den Kopf, was du bereits alles geschafft hast, und spürst du die Gewissheit, dass das genau dein Thema ist, dann wirst du ruhiger. Du wirst gewissenhafter. Du wirst dein volles Potenzial leben können. Denn, wenn dir bewusst ist, was du alles hast und kannst, wer hat denn dann noch etwas gegen dich in der Hand?

Denke noch mal zurück an die ersten Worte dieses Kapitels. Stärke beginnt im Inneren und das hat nichts mit dem Ego zu tun. Es hat etwas mit Stolz zu tun!

DEIN EGO GEGEN DEIN SELBST

Gerade als Coach, mit einer großen Reichweite, mit einer Zuschauerschaft, mit Menschen, die zu dir aufsehen, kann es verlockend sein, dich diesem Strom des Ansehens hinzugeben und deinen Ritt auf der großen Welle zu starten. Das Gefühl der Bestärkung und der Aufmerksamkeit durch andere kann dazu führen, dass du dich darin verlierst.

Der Schauspieler Jim Carrey hat in einer seiner Reden sehr gut zusammengefasst, wie sehr unser Ego uns manchmal den Blick versperrt. Er spricht über Erfolge und Erkenntnisse, die er in seiner Karriere sammeln konnte:

> *«Dies ist die Stimme des Egos. Und wenn du es dir anhörst, wird es immer jemanden geben, dem es besser geht als dir. Egal, was du erreichst, das Ego lässt dich nicht ruhen. Es wird dir sagen, dass du nicht aufhören*

kannst, bis du eine unauslöschliche Spur auf der Erde hinterlassen hast, bis du Unsterblichkeit erlangt hast. Wie trickreich ist dieses Ego, dass es uns mit dem Versprechen von etwas in Versuchung führt, dass wir bereits besitzen?»

Es treibt uns immer weiter voran, in eine Richtung, in die wir vermeintlich gehen müssen, um im Leben zu gewinnen. Aber wieso solltest du etwas gewinnen wollen, was nicht deinem Sein entspricht? Begib dich zuerst auf den Weg zu dir, damit du herausfinden kannst, wer du wirklich sein möchtest und was du eigentlich finden willst.

Wie oft ist deine Perspektive auf dein Sein verstellt? Was Jim Carrey ausdrücken wollte, ist, dass deine Rolle schon feststeht. Du darfst aus ihr heraus erstrahlen. Deine Kraft steht schon fest. Deine Geschichte steht schon fest. Der Kern, aus dem etwas Großes erwachsen kann, ist bereits vorhanden. Doch wir leben in einer Leistungsgesellschaft. Gib dich nicht dieser Versuchung hin, höher, schneller, weiter sein zu müssen oder dich mit anderen zu vergleichen. Vertraue dir in dieser Phase. Wenn du damit beginnst, dich nur umzusehen, um festzustellen, was all die anderen Menschen machen, dann ist das so, als wenn du andere für dich leben lässt.

Der größte Feind des Egos ist das Besondere an deinem Ich. Es ist diese Einzigartigkeit, die dich frei machen wird von den Vergleichen, dem Denken, dass du nicht genug bist, den Selbstzweifeln, weil andere anscheinend besser und erfolgreicher sind.

Tom Waits hat eine furchtbar rauchige Stimme und genau das mögen seine Fans an ihm. Madonna hat eine Zahnlücke, die ihr

Gesicht erst interessant macht. Diese Charakteristika und außergewöhnlichen Merkmale sind es, die den Ausschlag geben. So, wie du bist, machst du den Unterschied.

Was macht dich aus? Was bist du für ein Mensch? Wenn du dich völlig frei und ohne Einschränkungen beschreibst, was betrachtest du als dein besonderes Merkmal? Körperlich oder charakterlich?

Hier kommt einiges zusammen. Der Stolz auf deine Erfahrungen und deine Lebensgeschichte lässt dich selbstsicherer werden. Du weißt eigentlich schon, was du bewirken kannst. Diese Sicherheit macht dich freier von Erwartungen anderer, da du ein Gefühl dafür bekommst, wer du bist und wer du sein willst. Gleichzeitig weißt du aber auch, was du von dir erwarten kannst, wo deine Kompetenz vielleicht endet und wann ein Vorhaben definitiv gelingen wird. Und dieses Gefühl lässt dich voll aufgehen. Aufgehen wie eine Blume, die gepflegt und gegossen wird.

NEUES ERLEBEN – NEUES LERNEN – WEITER LERNEN

Hast du eine gewisse Sicherheit darin, dich neuen Möglichkeiten zu stellen, sie anzunehmen und zu bewältigen, dann hast du einen enorm wichtigen Schritt getan, wenn es darum geht, ein Coach zu werden.

Dadurch, dass immer wieder neue Menschen in dein Leben kommen werden, wird es auch immer wieder neue Geschichten, Herausforderungen und Wahrnehmungen geben. Wenn du Menschen durch deine Tätigkeit als Coach Unterstützung bieten möchtest, dann ist es deine Aufgabe, dich all diesen verschiedenen und vor allem neuen Menschen zu öffnen. Noch mal: Du kannst keine Schablone nehmen und diese auf jeden Menschen anwenden. Alles ist im Fluss. Auch ein selbstständiger Coach. Es gibt nicht die eine perfekte Dienstleistung, die, einmal entwickelt, immer und immer wieder auf die Coachees angewendet werden kann. Es braucht eine konstante Anpassung des eigenen Produkts, der eigenen Person. Der Satz, dass der Weg das Ziel ist, trifft hier genauer und besser zu als irgendwo anders.

Mit jedem Klienten entdeckst du auch eine neue Seite von dir selbst. Coaching heißt, Demut zeigen, sich einer Person und ihrer Nöte voll annehmen. Ich habe über die Jahre Tausende von Menschen betreut, erreicht, geholfen und unterstützt. Mit jedem Menschen kam ein neuer, ganz individueller Auftrag und damit neue Aufgaben und neue Erkenntnisse.

Diese Menschen vertrauen dir, also geht es bei dir insbesondere darum, dein Gegenüber zu ehren und zu achten. Manche der Anliegen werden von außen sicherlich klein und unwichtig erscheinen auf den ersten Blick, aber für einen Coachee ist dieses Thema, mit dem er oder sie sich an dich wendet, nun mal mit negativen Gefühlen besetzt.

Solltest du als Coachee das Gefühl haben, deine Angst, Trauer oder Scham wird nicht ernst genommen, solltest du dich deinem Coach erklären und deine Wünsche für deine Veränderung konkretisieren. Sei ehrlich. Halte nicht zurück mit Details deiner Geschichte. Einem Arzt sagst du auch, woher der Schmerz im Fuß kommt. Nun ist ein Coach kein Arzt, aber teilst du dich nicht ehrlich mit, wird er dich in deiner ganzen Persönlichkeit nicht voll erkennen und dich nicht optimal betreuen können. Die Impulse und Trainings zur Weiterentwicklung, die dein Coach dir geben wird, würden dann als gut gemeinte Ratschläge verpuffen.

Es ist wie beim Fußball. Der Trainer bietet die Übungen und eine Taktik, doch die Spieler auf dem Feld machen das Spiel. Sie treffen die Entscheidung und tragen in der jeweiligen Situation die Verantwortung für das, was auf dem Grün passiert. Der Trainer steht aber zu jeder Zeit am Spielfeldrand und bietet für die Spieler Unterstützungsleistungen an. Was auf dem Feld 90 Minuten dauert, braucht im wahren Leben jedoch mehr Zeit.

ES IST DEINE ZEIT

Manche Menschen betreiben die Entwicklung ihrer Persönlichkeit dennoch wie einen Leistungssport. Dann verkommt diese gute Absicht zum Selbstoptimierungswahn. Manche Coaches passen sich dieser Welle an und bieten dazu Kurzprogramme («In vier Wochen zu mehr Weiblichkeit», «Intensiv-Karrierecoaching» etc.). Damit entstehen für die Klienten genau der Druck und die damit einhergehenden negativen Gefühle, denen sie eigentlich entkommen möchten.

In deiner Funktion als Coach darfst du deinem Gegenüber keinen Druck machen und keine Erwartungen stellen, was den Lernerfolg angeht. Jeder Mensch hat sein eigenes Lerntempo. Einige der Anliegen, mit denen dein Coachee zu dir kommen kann, sind über Jahre oder Jahrzehnte eingeübte falsche Gewohnheiten, hinderliche Glaubenssätze oder dauerhafte Probleme, die Kraft rauben. Natürlich solltest du eine gewisse Idee haben, wohin die Reise geht, doch in welchem Tempo und mit welchen Stopps, das entscheidet am Ende allein der Coachee. Du musst ihm oder ihr Zeit geben, um das Erlebte zu verarbeiten. Die Impulse, die du gibst, können genutzt werden, doch mit welcher Intensität, Bereitschaft und welchem Bereitsein das getan wird, ist vom Coachee und seiner Geschichte abhängig. Als Coach könntest du auf Mauern stoßen, die du einfühlsam zum Einsturz bringen musst. Wenn die Angst davor beim Coachee zu groß ist, musst du eine Taktik finden, sie zu umgehen.

Das perfekte Programm für X Wochen existiert nicht. Das kann es gar nicht geben, wenn eine Entwicklung langfristig, also nachhaltig, sein soll. Als Impulsgeber kann das eine gute Sache sein und wahrscheinlich toll für Leute, die sich erst mal einen Einstieg in ein Thema wünschen. Es wird helfen, einen Rahmen aufzubauen, an dem du dich orientieren kannst. Es gibt Menschen, die brauchen Monate oder Jahre, um etwas zu verstehen, zu akzeptieren und um damit zu leben. Andersrum wirst du auch Menschen treffen und erleben, denen es leichter fallen wird, Fortschritte zu machen oder, besser gesagt, die Dinge anzunehmen.

Aus meiner Arbeitserfahrung kann ich sagen, dass Klienten mit unterschiedlichen Themen kommen, der Kern des Problems aber fast immer ein anderer ist. Menschen fürchten sich vor Ablehnung jedweder Art und machen sich daher selbst klein. Blöde Sprüche zu kassieren, weil sie auf der Party das falsche Outfit anhaben. Ausgelacht zu werden, weil man bei YouTube Videos von sich hochlädt. Sich schämen bei Kritik. Diese Ängste stecken tief in uns drin. Das ist okay. Es ist aber nicht mehr okay, wenn ich die möglichen Reaktionen anderer Menschen zum grundsätzlichen Maßstab meines Handelns mache und mich von fantasierten Feedbacks zurückhalten lasse. Von Zeit zu Zeit fühlen wir diese Unzulänglichkeiten im Kontakt mit anderen. Das kommt einmal aus der Gruppe, der Gesellschaft, ist aber auch in unserer Kindheit verwurzelt. Erinnere dich! Manche der für deinen Coachee negativen Mechanismen sind über Jahre oder Jahrzehnte einstudiert. Was sind dagegen schon sechs Wochen Coaching-Programm? Diese bieten sicherlich ein tolles Set an allgemeinen Coaching-Tools. In meiner Arbeit mit den Coachees war jedoch kein Coaching-Termin wie der andere, weil die Termine sowie die Tools ganz an den jeweiligen Coachee angepasst sind. Dadurch, dass du mit Menschen arbeitest, gibt es stetige Veränderungen. Veränderungen bedeuten neue Herausforderungen. Und diese bedeuten, dass du keine Schablone für alle Menschen nutzen kannst. Du musst dir darüber im Klaren sein, dass es nicht nur dich gibt, sondern dazu acht Milliarden andere Menschen, mit acht Milliarden verschiedenen Ansätzen, Ideen, Gefühlen und Lebenswegen.

Ebenso wie es wichtig ist, deinem Coachee Zeit zu gewähren, musst du deinem eigenen Reifen auch Zeit geben. Erfolg ist erst dann nachhaltig, wenn er über einen längeren Zeitraum etabliert wird.

Ein bekanntes und passendes Beispiel dafür ist Usain Bolt, der olympische Superläufer. Er hat mehrere Jahre intensiv dafür trainiert, um bei den Olympischen Spielen große Siege zu erzielen. Nach dem ersten Sieg hat er nicht aufgehört zu trainieren. Er hat weitergemacht und hat noch weitere Erfolge erzielt. «Er ist achtfacher Olympiasieger, elffacher Weltmeister und Weltrekordhalter in der 4-mal-100-Meter-Staffel, im 100- und im 200-Meter-Lauf. Mit einer Weltrekordzeit von 9,58 Sekunden in 2009 […], ist er der bislang einzige Mensch, der die 100 Meter in weniger als 9,6 Sekunden lief.» Mit unter 20 Sekunden hat er ebenso den Weltrekord über den 200-Meter-Lauf erreicht.[2]

Was ich dir damit sagen möchte, wenn du auf der Suche nach Antworten bist? Alles, was einfach aussieht, ist das Ergebnis vieler Trainingsstunden. Das trifft für dich als Coachee zu, wenn du neues Verhalten ausprobieren und etablieren möchtest, und für dich als Coach, wenn du punktgenau die Bedürfnisse deiner Coachees erfassen möchtest.

Wofür trainierst du? Mit welchen Menschen möchtest du welches Ziel verwirklichen? Ich selbst habe mir einst vorgenommen, vor allem junge Menschen aus der mentalen Enge zu helfen. Durch meine Krankheit musste ich das auf die harte Tour lernen. Meine Berufung ist es, Menschen zu zeigen, dass das Leben voller Mut, Glaube und Leichtigkeit sein kann. Ich habe mir die Zeit gegeben, dies in meiner Metamorphose zu lernen. Die Antworten dazu waren eigentlich schon in mir. Mein Plan im Leben schien klar. Je mehr Coachings ich gab und je mehr Menschen ich auf ihrem Entwicklungsweg begleiten durfte, desto mehr ging ich auch in die Reflexion und habe meine Rolle immer weiter und weiter geschärft.

Was ist mit dir? Was ist der Startpunkt deiner Entwicklung? Ohne den Weg jetzt schon vielleicht ganz genau kennen zu können, was ist dein Ziel?

....

....

....

Noch ein Rat vom Profi: Wenn du nicht weißt, wohin die Reise gehen soll, und du blind umherirrst, dann wirst du deinen Weg, dein Verlangen, deinen Wunsch verlieren. Dieser Verlust führt zu Unmut. Und Unmut? Der führt früher oder später zu Demotivation. Verschenke dein Potenzial nicht und nutze deine Zeit! Ich startete 2015, also kannst du dir vorstellen, wie lange meine Entwicklung dauerte. Das Schöne daran: Ich wachse weiter.

DER EIGENE COACH: COACH THE COACH

Um dich für eine Sache zu engagieren, musst du offen mit deinem Anliegen umgehen. Psychologen gehen zur Supervision und auch Coaches suchen sich einen Mentor, Trainer oder einen eigenen Coach. Erinnere dich daran, dass es den allwissenden Heiligen nicht gibt. Du hast zwar eine Vorbildfunktion, wirst aber nur Vorbild sein können, wenn du selbst Psychohygiene betreibst.

Dazu kannst du dich einem anderen Coach öffnen, um so mehr über die Arbeit in dir zu erfahren. Es wird immer Themen und

Personen geben, mit denen du in Resonanz gehen wirst. Durch intensives Aufarbeiten dessen schaffst du mehr Ebenen in dir, mit denen du wieder bessere Zugänge zu deinen Coachees schaffen kannst. Erst wenn du dich zurücknimmst und den Coachee in seinem Sein voll annimmst, kann dieser wachsen.

Kenne deine Grenzen und habe das Bewusstsein für dich selbst, um zu sagen, dass es genug ist. Ansonsten kommst du sehr schnell in die Ausbeutung. Die Ausbeutung deiner Kraft, deines Wissens, deiner Energie.

FRAGEN FÜR DEN COACH

Was sind Momente, die dich für eine Tätigkeit als Coach geprägt haben?

Verbindest du negative Emotionen mit deiner Vergangenheit?

Warum hast du sie?

Wann hast du das letzte Mal etwas Neues gelernt und warst voller Freude dabei?

Geld ist Zeit und Zeit ist Geld. Wofür gibst du am Tag deine Zeit aus?

FRAGEN FÜR DIE COACHEES

Was sind die Momente oder Verhaltensweisen, für die du dir einen Coach wünschst?

Gibt es einen Teil deiner Geschichte, der dir unangenehm ist?

Welcher ist es?

In welchem Bereich willst du besser werden? Verbringst du bereits aktiv Zeit damit?

Wofür gibst du am Tag deine Zeit aus?

Hier sind noch mal die wichtigsten Punkte für dich zusammengefasst:

- Deine Geschichte sowie die Lebensgeschichte jedes anderen Menschen ist einzigartig. Dazu gehören all die Stärken und Schwächen einer Person. Vor allem geht es hier um die Vergangenheit einer Person. Kein Mensch auf der Welt hat den gleichen Weg hinter oder vor sich. Es gibt so viele Lebenswege, wie es Menschen auf der Welt gibt. Acht Milliarden. Du entscheidest, welcher deiner sein soll.

- Durch Stolz erkennst du die Substanz deiner Taten und Erfolge und wirst selbstsicherer. Denn wer kann etwas gegen dich sagen, wenn du am meisten über dich weißt? Dazu gehören Bereitschaft und die Annahme dessen, was du erlebt hast.

- Reflektiere deine Vergangenheit, denn in ihr liegen die Antworten. Wenn du wissen willst, wohin du gehst, dann musst du wissen, woher du kommst. Und damit ist nicht die Stadt gemeint, die in deinem Ausweis steht.

- Du wirst nie alles wissen und das ist in Ordnung, solange du nicht aufhörst, neues Wissen erlangen zu wollen. Das bedeutet für dich, dass du dich auch weiterentwickeln darfst.

- Lass dich nicht vom Ego verführen, sondern lerne dein wahres Ich kennen. Es wird dir mehr Türen öffnen, als das Ego es jemals können wird. Du bist genug.

- Zeit ist dein kostbarstes Gut. Nutze sie weise und lerne sie zu schätzen. Nicht nur deine Zeit, sondern auch die deines Gegenübers.

- Solltest du bereits ein Coach sein oder einer werden wollen, sei dir sicher, dass du dich auch einem Coach gegenüber öffnen kannst und es tun solltest.

- Dein Engagement für eine Sache lässt dich besser werden. Verwechsle dein Engagement nicht mit dem Problem der Selbstprofilierung oder der Selbstausbeutung.

KAPITEL 3

In diesem Kapitel gehen wir noch ein bisschen tiefer in die Reflexion, damit du weißt, wie du am besten mit deinem Coaching (durch)startest, bzw., wie du im Coaching verfährst.

Du hast nun bereits viel darüber lesen können, was wirklich wichtig ist. Nicht nur für dich, sondern auch für dein Gegenüber. Ganz gleich, ob du ein Coach oder ein Coachee bist. Es gibt diverse Eigenschaften, die auf beiden Seiten geteilt werden und enorm wichtig sind für die erfolgreiche Zusammenarbeit. Du weißt: Offenheit, Ehrlichkeit usw.

Ein Tipp, den ich dir hier geben möchte, der dir wirklich dabei helfen kann, gefestigter im Umgang mit deinem Gegenüber zu werden, aber auch in Bezug auf dich selbst, hat etwas mit Kindern zu tun.

REFLEXION

Dieser Abschnitt dient dazu, einige der bisherigen Inhalte zu verinnerlichen. Reflexion ist das Tool, mit dem du dich immer fragen kannst und musst, ob du auf dem richtigen Weg bist. Tust du die Dinge, die du auch tun möchtest? Bist du Coach in der Nische, in der du vollkommen aufgehst und zu strahlen beginnst? Oder suchst du dir deinen Platz in einer Nische, die möglichst viel Gewinn abwirft, dich aber nicht anspricht?

Ich für meinen Teil gehe vollkommen auf in der Arbeit mit Menschen, die ihre inneren Überzeugungen nach außen tragen wollen. Durch meine eigene Geschichte ist mir bewusst, wie schwer das sein kann. Menschen dazu zu bringen, wieder zu lachen und sich selbst als Schatz zu sehen – das ist meine Passion.

Aus diesem Grund wäre ich in einem anderen Coaching-Bereich, wie z. B. im Finanzbereich, falsch aufgehoben, da es mich nicht anspricht und es nicht im Einklang steht mit meiner Geschichte.

Also stell dir immer wieder die Frage, ob dein Angebot dem entspricht, was du den Menschen geben willst und was du in der Welt verändern möchtest.

MUTIG SEIN UND NEUES ERLEBEN

Die Tätigkeit als Coach, ebenso wie die Rolle als Coachee, kann einen nervös machen. Das ist gut so, denn dann weiß man, dass man seine Komfortzone verlässt.

Möglicherweise liegt deine Profession als Coach gar nicht in einem Bereich, mit dem du dich seit langer Zeit auseinandersetzt. Probiere auch mal die Dinge aus, die dir gefallen, denen du aber bisher vielleicht wenig Aufmerksamkeit geschenkt hast. Passt dein Wunsch zu den Bedürfnissen anderer? Bietet deine Dienstleistung einen Mehrwert für andere, auch wenn es vielleicht nicht der Massenmarkt ist? Löst es einen Schmerzpunkt und kannst du somit das Leben anderer einfacher machen?

Das Leben an sich ist eine Schatzsuche. Auf der Suche nach dem richtigen Weg passieren wir diverse Kreuzungen und Pfade, an denen wir uns unsicher sind, welche Richtung wir nehmen sollen. Nimm den Weg, den eventuell nicht jeder geht, der aber dein Weg ist. Mein Projektpartner Daniel ist Trainer an einigen Kampfsportschulen, an denen er Kinder unterrichtet und so einen sehr nützlichen Einblick bekommt, wenn es darum geht, wie Kinder sich neuen Aufgaben stellen.

GASTBEITRAG DANIEL TOMASCHKO

Daniel arbeitet seit neun Jahren in Landshut und München als Karatelehrer, wobei er wöchentlich knapp 120 Kinder ab einem Alter von vier Jahren unterrichtet. Mehr als 1.000 Kinder hat er auf ihrem Weg schon betreut und weiß viel über die wunderbaren Attribute von Kindern.

Menschen brauchen beim Heranwachsen bekanntlich zwei Dinge: Liebe und Vorbilder. Sie adaptieren das Verhalten von Erwachsenen. Diese sehen ihre Kinder und beurteilen das kindliche Verhalten entlang erwachsener Maßstäbe, erziehen sie und machen sie fit für das Leben da draußen in der Welt. Doch auch ein Kind kann dein Lehrer sein. In seiner Kindlichkeit verbirgt sich eine naturgegebene Weisheit und Stärke, weil Kinder noch unbeeinflusst sind von unserer Sicht auf die Welt im Allgemeinen. Im Verlauf des Erwachsenwerdens haben wir alle lernen müssen, unser Verhalten an die Erwartungen der Gesellschaft anzupassen, um ein funktionierendes Miteinander zu wahren. Doch Kinder erfahren ihre Umwelt auf eine besondere Weise, die auch uns Erwachsenen lehrreiche Lektionen offenbart. Aus dieser jahrelangen Arbeit haben sich viele wertvolle Erfahrungen ergeben, die dir als Coachee dienen können, denn sie sind Reflexionsanreize, damit du das findest, was du wirklich im Leben willst. Sie dienen dir als Coach, denn sie werden dir eine Hilfe sein, deine Authentizität zu leben und in deine Berufung zu finden.

1 Vergiss die Welt!

Kinder spielen und vergessen darüber allen Hunger, dass sie nach Hause müssen oder dass sie gerade vom Regen durchnässt werden.

Wenn sie dabei sind, das zu machen, was sie wirklich lieben, kann die Welt um sie herum untergehen. Kinder bemerken es nicht. Es fühlt sich herrlich an, sich mit vollem Fokus einer Tätigkeit widmen zu können, die einem tiefe innere Freude bereitet. Leser, die bereits Kinder haben oder sich an ihre eigene Kindheit erinnern, wissen, dass sich Zeit dehnen kann wie Kaugummi. Jeder Waldspaziergang sprengt die Dimensionen erwachsener Zeit, weil jede Schnecke, jeder Ast untersucht werden muss. Neudeutsch heißt diese Weltvergessenheit jetzt im *flow*, also im Fluss, sein.

Bist du auch manchmal im Flow? Bei welchen Themen kommst du in Trance? Was interessiert dich wirklich? Idealerweise weißt du schon, was dies ist und kannst diese Tätigkeit, die dich in Fluss bringt, auch in deinen Coachings einsetzen.

2 Think outside the box!

Kinder möchte man vor Fehlern bewahren, und doch sind sie ganz scharf darauf, eigenständig Entscheidungen zu treffen. Sie fassen den Herd an, weil sie neugierig sind und die Welt entdecken wollen. Sie essen Sand, weil er aussieht wie Grieß. Sie spielen im Matsch, einfach, weil sich das gut anfühlt zwischen den Fingern und eh fast dasselbe ist wie braune Knete. Kinder haben lustige Vorstellungen. Sie sind noch frei von Konditionierungen und verknüpfen Bekanntes mit Unbekanntem oder erklären sich die Welt auf ihre ganz eigene Weise. Nach einem Coaching kam ein Junge zu mir. Ohne dass ich es bemerkt habe, hatte ich anscheinend ein Haar verloren, das jetzt auf meiner Schulter lag. Der Junge, ein Freund von Ordnung, wollte mir einen Gefallen tun, hat das ausgefallene Haar genommen und mir auf den Kopf gelegt. Dabei sagte er: «Hier, ich tu es wieder zu den anderen.» Ich musste herzlich lachen. Der Junge konnte ja nicht wissen, dass sein Vorhaben vergebens ist, aber ich fand seinen Wunsch, Dinge für mich wieder in Einklang zu bringen, sehr herzlich.

Kinder zeigen uns manchmal eine Betrachtungsweise auf Dinge, auf Menschen, die wir im Alter verloren haben. Erwachsene hinterfragen Neues häufig, weil sie sich an gewohnte Konzepte und Denkmuster halten oder irgendwo mal etwas Schlechtes darüber gehört haben. Nun geht es darum, dass du wieder freier wirst im Denken. Was du von Kindern lernen kannst: Sie bringen die nötige Unwissenheit und damit Freiheit mit, um Dinge vorbehaltlos zu starten und umzusetzen. Das rate ich dir dringend.

3 Sag doch, was du willst!

Kinder geben direkt Feedback, und zwar unverblümt. Sie machen nichts, was sie nicht wollen, und kommunizieren das sehr ehrlich. Sie sagen z. B. frei heraus: «Ich mag dich nicht.» Im Zuge der Konditionierung kommt es dann oft dazu, dass wir Ja sagen, obwohl wir Nein fühlen – und gesund ist das definitiv nicht. Versuch es hier mal, den Kindern gleichzutun. Natürlich geht es nicht darum, Menschen absichtlich vor den Kopf zu stoßen. Ist die Sprache sorgsam gewählt, kann man mit seinen Mitmenschen über fast jedes Thema sprechen.

Wenn wir uns offen zeigen (erneut das Stichwort Offenheit), geben wir unserem Gegenüber die Chance, uns besser zu verstehen. Musst du einem Coach z. B. sagen, dass du nicht mit ihm arbeiten möchtest, dann wird er es verstehen und wertschätzen, dass du ehrlich zu ihm bist.

Dein Coach will mit dir über ein Thema reden, für das du noch nicht bereit bist? Dann sag es ihm oder ihr. Der Coachee hat ganz bestimmte Vorstellungen, von denen du weißt, dass du sie gegebenenfalls nicht erfüllen kannst. Dann steh dazu.

Auch mal Nein zu sagen, ist kein Verbrechen, es bedeutet nur, dass du zu dir stehst und dich am besten kennst. Du musst schlussendlich wissen, was gut und was schlecht für dich ist.

4 Probier's einfach mal!

Kinder können kaum etwas so gut wie Selbstfürsorge. Mit der gleichen Entspanntheit wie Tiere gehen sie den Tag an. Ähnlich wie Balu der Bär aus dem Dschungelbuch, essen sie, wenn sie Hunger haben, ohne über Kalorien nachzudenken. Wenn sie müde sind, schlafen sie, ganz egal, wo sie sind. Wenn ihnen Bewegung fehlt, fangen sie einfach an zu toben, und hören auf, wenn sich ihr Körpergefühl gebessert hat.

Kinder tun sehr häufig Dinge, weil ihnen danach ist. Sie liefern dafür eine der einfachsten Begründungen der Menschheit. Sie sagen «Darum», wenn sie eine Sache tun. Sie machen es nicht aus einem speziellen Grund, sondern weil ihnen danach ist. Ihr innerer Kompass sagt ihnen, dass sie jetzt A oder B machen sollen.

Wann warst du zuletzt so sehr im Einklang mit dir selbst? Denkst du jetzt vielleicht: Man kann eben nicht ewig Kind sein, die Welt der Erwachsenen ist nun mal geordnet. Da muss man sich an Regeln halten. Klar, es geht nicht darum, plötzlich im Meeting aufzuspringen und ein bisschen auf der Stelle zu hüpfen, wenn man zu lange im Büro gesessen hat. Dennoch gibt es sicherlich Routinen, Gewohnheiten oder Verhaltensweisen, die du jetzt vielleicht an dir bemerkst, die du gern vereinfachen würdest. Die Lektion, die ich dir gern mitgeben möchte, ist: Das Leben darf auch einfach sein.

5 Sei halt du selbst!

Es gibt nichts Besseres als das: man selbst zu sein! In unserer Kindheit zeigt sich unser Charakter schon früh. Wir werden mit einem Set an Qualitäten und Eigenschaften geboren oder sie stellen sich aufgrund allererster Erfahrungen schnell ein. Wenn du schon als Kind geheult hast, weil du eine Überraschung bekommen hast, die du nicht wolltest, wirst du wahrscheinlich auch heute als Erwachsener Überraschungen und Unvorhergesehenes eher als stressig empfinden und dafür Routinen vorziehen. Bist du als Kind immer sofort auf den Spielplatz gerannt und hast einfach irgendwelche Kinder angesprochen, ob sie mit dir spielen wollen? Schon früher fandest du es doof, allein zu sein, und hast schnell gelernt, dass es einfach sein kann, Mitmacher zu finden, wenn man sie einmal angesprochen hat. Schon in so jungen Jahren zeigt sich, ob ein Mensch kontaktfreudig ist. Das lässt sich nicht verbergen oder verstecken. Das bricht sich durch unsere menschliche Natur einfach Bahn. Also versuch erst gar nicht, deine Vorlieben, Neigungen und Interessen zu verbergen. Dies sind in Wahrheit deine Kompetenzen, die dich erst zu der Person machen, die du wirklich bist. Viele Charaktereigenschaften sind also angeboren. Schon in frühester Kindheit zeigt sich das. Das darfst du an dir wiederentdecken, um voll authentisch zu sein.

Kinder sind unsere Lehrer. Sie sind neugierig. Alles ist interessant. Aber haben sie Angst davor, zu scheitern? Nein! Erst im fortlaufenden Alter werden wir dazu konditioniert, Angst vor Neuem zu haben. Uns werden die Sicherheiten schmackhaft gemacht, die wir durch Familie, Freunde und Arbeit erfahren, auch wenn diese Sicherheiten nicht unserem Selbst entsprechen.

In seiner Rede in Stanford sagte Steve Jobs: «*Habe den Mut deinem Herzen zu folgen, denn es weiß ganz genau, was du willst*». Ein passenderes Zitat gibt es hierzu meiner Meinung nach nicht.

Es gibt dabei verschiedene Arten von Menschen. Es gibt einmal die, die genau wissen, was ihnen das Herz sagt, und dem nachgehen. Dann gibt es die, die es wissen, sich aber nicht trauen, dem nachzugehen. Und es gibt die Menschen, die es irgendwie verlernt haben, ihrem Herzen zuzuhören, denn diese Leute wissen selten, was sie überhaupt wollen.

Nun ist es ein Leichtes zu sagen, dass du als Coach oder Coachee einfach weniger überdenken und viel mehr Vertrauen in dein Herz stecken solltest. Schön wäre es, wenn es so leicht wäre. Doch was benötigen wir eigentlich, um unserem Herzen zuzuhören und diesem eine Stimme zu geben?

Denk daran, dass du die einzige Person bist, die das hier lesen wird, also sei ehrlich zu dir. Es geht nur um dich.

Was hält dich davon ab, deinem Herzen zu folgen?

....

....

Wann hast du das letzte Mal Nein gesagt?

....

....

Wie hast du dich dabei gefühlt?

Wo würdest du gern Nein sagen und warum?

Was passiert, wenn du es nicht tust?

Was ist das Schlimmste, das passieren kann, wenn du es tust?

Wie sähen die kurzfristigen und langfristigen Folgen hierbei aus?

Wie sähen die physischen oder psychischen Folgen für deine Mitmenschen aus, wenn du Nein sagst?

ONLINE ODER OFFLINE COACHING? DER UNTERSCHIED KURZ ERKLÄRT

Kommen wir jetzt explizit zu sprechen auf den Unterschied von einem Coaching, das online stattfindet, und dem Coaching vor Ort. Online Coaching ist ein neuer Trend, während es das Coaching vor Ort schon seit Jahrzehnten gibt.

Offline Coachings finden statt in Sportvereinen, Seminaren und auch in der Schule. Von Angesicht zu Angesicht. Das macht das Offline Coaching aus. Es zeichnet sich durch direkten Kontakt aus. Zwar hast du, im Verhältnis gesehen, ein relativ kleines Einzugsgebiet, dafür wirst du häufig mit Stammkunden zu tun haben, zu denen du eine Beziehung aufbaust. Selbstverständlich wirst du auch Beziehungen zu deinen Onlinekunden aufbauen, allerdings ist es stets etwas anderes, als wenn du den Personen direkt gegenüberstehst.

Im Offline Coaching, z. B. im Verein, kannst du direkt handeln. Als Coach bist du eins zu eins dabei, wenn deine Kunden in die Umsetzung kommen.

Umgekehrt steht beim Online Coaching dein Coach für dich als Coachee in direkter Interaktion mit dir. Örtlich hat es einige Vorteile. Dein Coach muss nicht in der gleichen Stadt oder Region sein. Fallen Fahrten weg, kannst auch du als Coach deinen Radius erweitern und mehr Coachees ansprechen – im Grunde überall dort, wo man deine Sprache spricht.

Online Coachings finden per Videodienst, wie beispielsweise Zoom, WebEx oder Skype, statt. Sie bieten Flexibilität und leichte Planbarkeit für den Coachee und den Coach. Die Termine lassen sich so besser in den beruflichen und den privaten Alltag integrieren. Problematisch ist nur, wenn es keine räumliche und geistige Abgrenzung zum alltäglichen Umfeld des Coachees gibt. Vibrierende Handys, reinstürmende Kinder und klingelnde Paketboten können das Coaching zu Hause stören, wenn das richtige Setting nicht dafür geschaffen wurde. Ganz zu schweigen von einer guten Internetverbindung und anderen technischen Voraussetzungen, die gegeben sein sollten. Du als Coachee solltest dir im Klaren darüber sein, dass für ein Gelingen der Sitzungen die Basis geschaffen sein muss, damit du mental präsent sein kannst. Versteh das Online Coaching als Veranstaltung eines eigenen Typs, als Workshop mit einem spezifischen Charakter, und nicht nur als Präsenzersatz.

Ein reines Telefon-Coaching ist nicht zu empfehlen, da die Mimik und Gestik des Coachees wesentliche Bestandteile seiner Kommunikation sind. Corona und alle dazugehörigen Schutzmaßnahmen haben aber digitale Dienste normal gemacht und in die Mitte der Gesellschaft gerückt. Ich selbst arbeite auf diese Art, stark gestützt durch die Arbeit über Social Media, aktuell besonders Instagram. Dieser Weg hat sich für mich als junger Vater bewährt, um die Vereinbarkeit von Beruf und Familie sicherzustellen.

Bei jeder dieser Varianten erfolgt in den Sitzungen eine Art Bestandsaufnahme im Vergleich zum letzten Mal. Was hat sich für deinen Coachee geändert? Was hat er oder sie festgestellt? Gab es Probleme? Gab es neue Erkenntnisse? All das passiert zwischen den Terminen. Egal ob online oder offline – du kannst dadurch bereits nach wenigen Sitzungen erkennen, ob deine Impulse

Anwendung finden oder ob es Probleme mit ihnen gibt. Tritt Letzteres auf, solltest du mit deinem Coach reden.

Für welche Variante du dich entscheidest, das ist vollkommen dir überlassen. Fühle dich nicht dazu verleitet, ein reiner Online Coach zu sein, nur weil es viele Leute so machen. Wenn du ein Mensch bist, der sich im direkten Gespräch vor Ort wohler fühlt, dann gib dir die Chance festzustellen, ob es sich für dich auch genauso gut anfühlt, wie du es erwartet hast. Wie bei allem gibt es weder richtig noch falsch. Es gibt nur dich und dein individuelles Sein.

KAPITEL 4

Kommen wir nun zu der Frage, die wir uns schon die ganze Zeit stellen. Was macht einen guten Coach denn nun wirklich aus? Du konntest über die letzten Seiten viele Ideen, Eindrücke, Tipps, Tricks und Erfahrungswerte kennenlernen. Bringen wir es doch mal auf den Kern zurück und nähern uns der Frage, ob du das Zeug dazu hast.

MERKMALE FÜR EINEN GUTEN COACH

Ein guter Coach ist mehr als nur jemand, der dir ein paar Tipps gibt, mit denen du mehr Glück, Freude und Zufriedenheit erfahren wirst. Vielmehr sind es die Fähigkeiten eines Coaches, mit denen er dich aufblühen lässt, die ihn oder sie zu einem sehr guten Coach machen. Der Begriff an sich ist nicht geschützt. Rein rechtlich darf sich jeder damit selbstständig machen oder ehrenamtlich coachen. Es gibt mittlerweile aber eine breite wissenschaftliche Basis, auf die sich Coaching stützt, und ebenso viele Akademien, Hochschulen und Lernzentren, die Ausbildungen in dieser Branche anbieten. Ausbildungen, wie die zum systemischen Coach, sind zertifiziert und werden anerkannt. Dies ist auch eine der wenigen Coaching-Ausbildungen, die angesehen ist. Doch auch die Anzahl der Zertifizierungen und der Institute, die zertifizieren, ist enorm hoch, sodass die Absicht, damit für Klarheit in der Branche zu sorgen, wieder verfehlt wird. Es gibt im DACH-Raum mittlerweile mehrere Verbände, die Coaches und Coach-Ausbildern Qualität zertifizieren. Was bleibt, ist ein undurchsichtiger Dschungel an Siegeln und Qualitätsmerkmalen.

So mancher oder so manche bezahlen in ihrem Wunsch nach

einer seriösen Ausbildung hohe Summen für ein Zeugnis, das wertlos sein kann. Mehrere Tausend Euro können da zusammenkommen, nicht selten sind die Kosten für eine Coaching-Ausbildung fünfstellig. Wer dies aber unbedingt absolvieren möchte, sollte in jedem Fall darauf achten, dass die Ausbildung auf wissenschaftlichen Aspekten beruht.[3]

Ich selbst habe Psychologie studiert und mir damit gleichzeitig die fachliche Basis für meine Coachings geschaffen. Die Frage, ob, welche und in welcher Form eine Ausbildung als Grundlage für die Tätigkeit als Coach gemacht werden sollte, kann ich nicht beantworten. Dafür sind du und deine Situation zu individuell. Es kommt auch stark darauf an, mit wem du zu welchen Themen arbeiten möchtest. Das Spektrum kann reichen von Grundkenntnissen der klinischen Psychologie und Stadien psychologischer Entwicklung (zum Beispiel bei Ängsten), explizit methodischen Kompetenzen (wie Gehaltsverhandlungen souverän leiten) bis hin zu der Begleitung in Umbruchsmomenten, wobei du als Coach mehr zum Mentor wirst (Familienleben organisieren, Gründungshilfe oder Umgang mit Stress im Job).

Coaching ist eher weniger als ein Handwerk zu verstehen, das man in kurzer Zeit erlernen kann. Die Stiftung Warentest untersuchte und verglich schon 2013 mehrere Ausbildungen zum Coach. Ihr Urteil: *«Ein einziger Kurs genügt nicht, um sich auf das komplexe Berufsbild des Coachs vorzubereiten.»*[4] Da die Zahl der Coaches in den letzten Jahren stark angestiegen ist, wird die Marktlage noch unübersichtlicher geworden sein. Der «echte» Coach wird in jedem Fall in der Praxis gemacht. Je länger er oder sie aktiv ist, desto stärker wird sein Erfahrungsschatz und sein Profil.[5]

Für einen guten Coach steht nichts geschrieben, denn er entdeckt immer neue Schichten in den Coachees. So fragt er nach und hört zu. Der Coach versetzt sich in die Lage des Coachees und ist darin besonders gut. Dem Coachee wird Gehör geschenkt. Anstatt immer dasselbe zu wiederholen, ist er offen für Neues. Neue Ansätze, neue Geschichten, neue Möglichkeiten. Offenheit ist eine unerlässliche Fähigkeit, die ein Coach bieten muss, um seinen Coachees ein guter Ansprechpartner zu sein. Dabei geht es darum, sich den Geschichten der Coachees zu öffnen, und sich bewusst zu machen, dass wirklich jede von ihnen gehört werden darf. Ebenso die eigene.

Ein guter Coach versteht es, seine eigene Geschichte zu verkörpern und mit Leben zu füllen. Er versteckt sich nicht davor, sondern steht zu seinem ganz individuellen Lebensweg. Jeder Mensch hat Ecken und Kanten. Ein guter Coach nutzt diese, um auf den Gipfel seines Seins zu klettern. Durch seine innere Akzeptanz gegenüber sich selbst wird er auch seinen Coachees helfen können, ihre eigene Geschichte zu erkennen, zu verstehen und mit Stolz zu tragen.

Wann immer es dir darum geht, ein souveräner Coach zu sein, musst du dich stets an deinen Hintergrund erinnern. Woher kommst du? Und gibt dir deine Geschichte das Recht, das zu tun, was du tun möchtest? Stell dir die Fragen nach deiner Motivation.

Wenn du ein Leben in Authentizität und Klarheit führst, dann wirst du auch mit einiger Garantie wissen, was du tun willst und warum du es tun willst.

Authentizität bedeutet, dass du du selbst bist und niemand anderen spielst. Lerne dich so zu präsentieren, wie du bist, und das tust du am besten, wenn du dich kennst. Sei mit vollem Herzen dabei. Denn so, wie du gibst, so wird dir auch gegeben.

Mit all diesen Merkmalen geht es insbesondere darum, dass die Beziehung zwischen Coachee und Coach auf Vertrauen basiert. Dein Schutzbeauftragter muss sich dir anvertrauen können und spüren, dass seine Geschichte gut bei dir aufgehoben ist. Nicht nur in Hinsicht darauf, dass du sie nicht weitererzählst – was selbstverständlich sein sollte -, auch im Hinblick auf die Hilfe, die du als Coach leisten kannst, wenn du eben jene Geschichte hörst. Daher lass mich dir den Tipp geben, dass jedes potenzielle Arbeitsverhältnis mit einem einfachen Kennenlerngespräch beginnen sollte. In einem solchen Gespräch wird, wie beim Sport, eine Art Anamnese durchgeführt, um die W-Fragen zu beantworten. Wer? Was? Wie? Warum? Wohin? Woher? Und schlussendlich geht es um die Frage, bzw. die Erkenntnis, ob die Zusammenarbeit passt oder nicht. Konkretisiert, woran ihr erkennen könnt, dass das Ziel erreicht ist. Jedes Coaching steht und fällt mit einem konkreten Auftrag. Wenn dieser erreicht ist, endet auch das Coaching. Merkst du im Gespräch, dass du dies nicht leisten kannst, weil z. B. deine Kenntnisse dafür nicht ausreichen oder weil du denkst, dass der Plan aus anderen Gründen nicht verwirklicht werden kann, rede mit deinem Coachee. Gehe respektvoll damit um und sei ehrlich!

Du darfst dem Lernenden aber nie das Gefühl geben, dass er sich in einer Art Schule befindet. Dinge dürfen wiederholt und vertieft werden, ohne, dass dein Coachee Angst haben muss, die gleiche Sache noch mal anzusprechen, weil sie nicht aus dem Kopf verschwindet. Viele unserer Denk- und Verhaltensmuster haben sich über Jahrzehnte festgetreten. Sie zu lösen, dauert manchmal. Ein Coaching ist wie ein Gespräch zwischen Freunden, die sich seit Jahren kennen. Dabei kommen die zuvor genannten Merkmale wieder und wieder ins Spiel.

Kommt jemand zu dir und fragt dich nach einem Platz bei dir oder nach einem Rat, dann zeige Demut. Diese Person kommt zu dir, obwohl es auf dem Markt viel mehr Anbieter, ergo andere Coaches, gibt. Dennoch kommt diese Person ausgerechnet zu dir. Du bist authentisch, was diese Person anzieht. Menschen haben eine Aura, und die wirkt genau auf die Menschen, die ähnlich gepolt sind. Also sieh jeden Menschen, der zu dir kommt, als Geschenk an. Sie kommen zu dir, weil sie zu dir kommen sollen. Nimm dieses Geschenk so an, dass du dich mit jedem Coachee bestätigt fühlst.

Mit dem Vertrauen geht die Empathie einher. Deine Coachees müssen sich wohl fühlen in deiner Nähe, sei es online oder offline. Um das zu erreichen, musst du deinem Gegenüber das Gefühl geben, dass er oder sie alles machen darf. Ein Trainer nimmt sich zurück und gibt Raum für Erfahrung. Du musst lernen, dich zurückzunehmen. Schließlich geht es in einem Coaching nicht darum, vor deinen Coachees zu prahlen, sondern darum, ihnen Gehör zu schenken, damit sie strahlen können. Ein Coachee muss sich zuerst in Sicherheit wissen, bevor das Blühen beginnen kann. Von deinem Coachee darf nichts erwartet werden, damit er sich frei entfalten kann. Richtig und falsch gibt es nicht. Der erwartungsfreie Erkundungsraum soll der Ort sein, zu dem dein Coachee gern zurückkommt, sobald ihr einen neuen Termin habt. Seid ihr nach einigen Coaching-Terminen seinem selbsterklärten und selbstgesetzten Ziel näher gekommen, ist das der Maßstab für eine gute Sitzung.

Zu Beginn hast du gehört und gelesen, dass der Markt an Coaches, Beratern und Trainern überfüllt ist. Angebote gibt es wie Sand am Meer. Und zwar nicht nur die Coaching-Angebote, sondern genauso die Angebote, eine Ausbildung zum Coach zu machen. Ein Abschluss einer solchen Ausbildung wird dich jedoch nicht für jeden Bereich zu einem perfekten Coach machen. Jahrelange Erfahrung in einem Feld, wie bei mir die körperliche und mentale Gesundheit, sind weitaus mehr geschätzt als nur eine Ausbildung. Du musst die perfekte Kombination finden aus deiner Geschichte, deiner Person und deinen Erkenntnissen, um zu wachsen und zu bestehen.

Weil es so wenige verpflichtende Voraussetzungen für den Markteintritt gibt, wächst die Anzahl der Coaches rasant. Da der Markt aber so übersättigt ist, können leider nur wenige davon leben. Drei Viertel aller Coaches arbeiten nebenberuflich als Coach. In den sozialen Netzwerken ist davon aber überhaupt nichts zu sehen oder zu hören. Manche der Großen erzählen zwar von ihren anfänglichen Schwierigkeiten, von dem langen Weg nach oben – allerdings tun sie das erst, wenn sie erfolgreich geworden sind.

Besonders bei Instagram zeige ich mich authentisch, teile Content und gehe in den Austausch mit anderen. So habe ich meine Rolle gefunden. Keine Ausbildung, nur die eigene Lebensgeschichte, Erfahrungen, Werte und das Wissen, dass meine Geschichte gehört werden darf.

Jetzt konntest du dir einen Überblick zu den Merkmalen verschaffen, die einen guten Lehrenden ausmachen, und hast mehr darüber erfahren, wie meine persönliche Geschichte dazu geführt hat, dass ich heute der bin, der ich bin.

Kommen wir nun zu dir. Siehst du bereits einige der Merkmale in deiner Person? Gibt es welche, bei denen du sagst, dass du dich dort gar nicht siehst? Nachstehend findest du einige Aufgaben, mit deren Hilfe du dich reflektieren kannst. Vergiss nicht: Sei ehrlich und gib dir Zeit, um die Fragen zu beantworten.

SELBSTREFLEXION OFFENHEIT

Auf einer Skala von eins bis zehn, wie offen würdest du dich selbst bezeichnen?

1	2	3	4	5	6	7	8	9	10
●	●	●	●	●	●	●	●	●	●

Wann warst du das letzte Mal offen gegenüber Neuem?

....

....

Um welches Thema ging es dabei?

....

....

....

Wie ist deine Verbindung zu diesem Thema, das dich beschäftigt oder interessiert?

Was sind Themen, die dich interessieren?

Welche Möglichkeiten gibt es, um in diesen Themen besser und informierter zu werden?

Was tust du dafür? Wenn nichts, warum nicht?

Wenn du mit einem Thema in Resonanz gehst, wie offen bist du dir selbst gegenüber, um tiefer in dieses Thema einzutauchen?

Auf einer Skala von eins bis zehn, wie offen schätzt du dich ein?

1 2 3 4 5 6 7 8 9 10

Offenheit hat etwas mit deiner Komfortzone zu tun. Wenn du offener werden möchtest, es dir jedoch schwerfällt, dann musst du mit kleinen Schritten diesen sicheren Hafen verlassen.

IMPULSE

1. Überlege dir, was du bisher alles geschafft hast. Deine Erfolge zeigen dir, dass du nicht nur die eine Sache machen solltest, sondern können dich bestärken, Neues zu probieren.

2. Ein kleiner Rahmen reicht vorerst. Wenn dein Thema wirklich riesig zu sein scheint, dann kann es beängstigend wirken. Überlege dir, wie du es unterteilen kannst, um erst eine kleine Herausforderung anzunehmen.

3. Andere Menschen machen Dinge auch zum ersten Mal. Du wirst es nicht perfekt machen, aber zu starten ist das Wichtigste.

DIE EIGENE GESCHICHTE

Wo würdest du sagen, stehst du heute?

Wie stolz und zufrieden bist du mit dir selbst gerade?

Bezeichnest du dich als wertvoll oder zweifelst du an dir?

Was macht dich wertvoll oder was lässt dich zweifeln?

Wie viel Zeit nimmst du dir pro Tag für dich selbst?

Was sind Momente, an die du häufig denkst?

Inwiefern haben diese Momente dich geprägt?

Welche Momente deiner Geschichte sind dir unangenehm?

Wie leicht fällt es dir, Momente anzunehmen, ganz gleich ob gut oder schlecht?

Was würdest du gern einfach akzeptieren?

Auf einer Skala von eins bis zehn, wie gut kannst du dich Neuem öffnen?

1 2 3 4 5 6 7 8 9 10

Denkst du an die Vergangenheit, die Gegenwart oder die Zukunft?

Auf einer Skala von eins bis zehn, wie würdest du dich bezüglich der Akzeptanz deiner selbst einschätzen?

1 2 3 4 5 6 7 8 9 10

IMPULSE

1 Jeder Mensch hat eine einzigartige Geschichte zu erzählen. Jede dieser Geschichten hat Höhen und Tiefen. Du brauchst dich nicht für etwas schämen, das dir widerfahren ist. Es gehört nun mal zu dir. Nimm es an.

2 Du musst wissen, dass du der Herr der Lage bist, wenn du erkennst, dass nur du über dich urteilst. Andere Menschen können dir nichts anhaben. Ganz besonders nicht, wenn du deine Geschichte mit Stolz vertrittst.

3 Frage deine Mitmenschen nach eurer gemeinsamen Geschichte, um so auch mehr über dich selbst zu erfahren. Je mehr du weißt, desto klarer wird auch das Bild für dich, das du nach außen hin vermittelst. Notiere alles und führe Tagebuch. Die wichtigsten Persönlichkeiten der Geschichte haben dieses alte, aber mächtige Werkzeug zur Erkenntnisgewinnung genutzt und haben regelmäßig ihr Umfeld befragt. Sie haben damit das Nachdenken kultiviert. Einige wenige Sätze sind schon effektiv.

AUTHENTIZITÄT UND KLARHEIT

Wie beschreibst du dich gegenüber dir selbst?

Wie beschreibst du dich gegenüber anderen?

Wie verhältst du dich, wenn du allein bist? Wer bist du, wenn du niemand anderes sein musst?

Wie verhältst du dich, wenn andere dabei sind?

Gibt es einen Unterschied bei diesen Antworten? Wenn ja, wo genau liegt der Unterschied?

Behältst du deine Erfahrungen, gut und schlecht, für dich? Oder erzählst du gern anderen davon?

Wie hast du dich bei der Beantwortung der Fragen zur Akzeptanz und deiner eigenen Geschichte gefühlt?

Was wäre deine Antwort auf die Frage, was du möchtest?

Wie klar bist du dir selbst bei dem, was du möchtest?

Welche langfristigen Ziele willst du erreichen, die dich motivieren, morgens aufzustehen?

Wenn du noch mal daran denkst, was du wirklich willst, was sind die nächsten Aufgaben, die sich konkret davon ableiten? Was musst du als Nächstes umsetzen, um deinem Vorhaben näher zu kommen?

Welche Werte sind dir wichtig?

Welche davon brauchst du für dein Ziel?

Welche Rolle/Aufgaben übernimmst du in deinem Leben?

In welchen Momenten bist du ehrlich und in welchen unehrlich zu dir selbst?

Auf einer Skala von eins bis zehn, wie sehr bist du bereit, zu dir zu stehen, wenn es kein anderer tut?

1 2 3 4 5 6 7 8 9 10

Auf einer Skala von eins bis zehn, wie sicher bist du dir mit deiner eigenen Person?

1 2 3 4 5 6 7 8 9 10

IMPULSE

1. Wenn du anderen Menschen helfen möchtest, dann musst du dir bewusst sein, wer du bist und was dich dazu befähigt, diese Rolle einzunehmen. Du darfst keine Rolle spielen, sondern musst dich zeigen als der Mensch, der du eben bist.

2. Authentisch zu sein, bedeutet, nichts zu spielen. Sei ehrlich zu dir und deinem Gegenüber. Wo drückt der Schuh? Was macht dich zufrieden? Was bedeuten dir Dinge, Momente etc.? Wie fühlst du dich?

3. Du trägst den Kompass in der Hand und weißt, wo es für dich hingehen soll. Lass nicht andere über deine Ziele, deinen Weg bestimmen. Klarheit und das Bewusstsein für dich selbst können dir die Türen öffnen, die du suchst.

EMPATHIE

Wie gut würdest du selbst deine Empathiefähigkeit einschätzen?

Auf einer Skala von eins bis zehn, wie gut ist dein Verständnis für andere?

1 2 3 4 5 6 7 8 9 10

Auf einer Skala von eins bis zehn, wie gut kannst du zuhören?

1 2 3 4 5 6 7 8 9 10

Wie gut bist du in der Lage, anderen den Vorrang zu lassen, wenn es darum geht, persönliche Geschichten zu erzählen?

Wie gut kannst du anderen die Achtung zusprechen, die du dir selbst gibst?

Wie gut kannst du andere verstehen und motivieren?

Wie ist das Feedback deiner Mitmenschen? Sind sie dankbar, dass es dich gibt?

Wann hast du das letzte Mal einfach zugehört?

Wie gehst du damit um, dass andere sich dir anvertrauen?

Wie fühlst du dich dabei?

Wie empathisch bist du dir selbst gegenüber? Wie gut kannst du dir selbst gegenüber mitfühlend, gütig und geduldig sein?

Wie gut ist dein Körperbewusstsein ausgeprägt, wie gut kannst du deine eigenen Bedürfnisse klar erkennen?

Auf einer Skala von eins bis zehn, wie empathisch schätzt du dich ein?

1	2	3	4	5	6	7	8	9	10
●	●	●	●	●	●	●	●	●	●

IMPULSE

1 Übe dich in Geduld. Nicht jeder Mensch möchte auf Anhieb alles über sich erzählen. Genauso solltest auch du dir Zeit geben. Es wird sich nicht alles auf einmal ergeben. Du musst nur erkennen, dass die richtigen Dinge passieren werden.

2 Zolle anderen den Respekt, den du dir für dich selbst wünschst. Auch, wenn du etwas richtig Tolles erlebt hast und jemand sich dir öffnen will, dann höre dieser Person zu und lass dein tolles Erlebnis erst mal beiseite.

3 Wenn du zuhören kannst, kannst du auch viel über dich erfahren. Jede Sekunde, die du anderen widmest, kann dir mehr über dich verraten. Empathie für andere kann Verständnis für dich selbst bedeuten.

DEMUT

Wie dankbar bist du für die Menschen, die zu dir kommen und um Rat oder Training bitten?

Nimmst du andere Menschen eher als selbstverständlich wahr? Wenn ja, in welchen Situationen passiert dir dies am häufigsten?

Was sind deine Qualitäten und Fähigkeiten?

Wie stark spiegeln dir das deine Mitmenschen wider?

Wie viel Aufmerksamkeit und Geltung schenkst du anderen Menschen?

Wie lobst du dich selbst, wenn du etwas gut gemacht hast?

Auf einer Skala von eins bis zehn, wie sehr bist du auf das Lob anderer angewiesen?

1 2 3 4 5 6 7 8 9 10

Wann hast du dich das letzte Mal selbst gelobt?

Wie fühlst du dich, wenn es genügt, dass du dich selbst lobst?

Auf einer Skala von eins bis zehn, wie demütig bist du?

1 2 3 4 5 6 7 8 9 10

IMPULSE

1 Wenn du es schaffst, dich selbst zu loben, dann wirst du auch die kleinen Erfolge deiner Coachees anerkennen können oder deine eigenen Lernerfahrungen im Coaching.

2 Andere Menschen kommen freiwillig zu dir. Schätze ihre Entscheidung und ihre Zeit. Dass sie sich so entschieden haben, ist ein Lob für dich und deine Arbeit.

3 Übe dich in Dankbarkeit. Nichts im Leben ist selbstverständlich. Weder die guten noch die vermeintlich schlechten Erfahrungen. Sei dankbar für das, was du hast und erkenne deinen wahren Reichtum.

VERTRAUEN

Wie würde deine Positionierung als Coach heißen?

Wie würdest du damit umgehen, dass andere Menschen dir vertrauen?

Weißt du, was du deinen Mitmenschen geben kannst und wieso?

Wie gut kannst du anderen Menschen Wertschätzung entgegenbringen?

Welchen Wert hat Zeit für dich?

Was denkst du, wenn jemand dir seine Zeit schenkt?

Wenn du ehrlich zu dir bist, was kannst du und was nicht?

Wie gut kannst du dir selbst vertrauen und dir treu bleiben?

Auf einer Skala von eins bis zehn, wie viel Vertrauen in dich und andere steckt in dir?

1 2 3 4 5 6 7 8 9 10

IMPULSE

1 Jemand kommt zu dir, weil diese Person sich bei dir gut aufgehoben und verstanden fühlt. Lerne, diesen Fakt zu schätzen, und erkenne, dass dir da jemand vertraut.

2 Du musst auch dir insofern vertrauen können, dass du offen und ehrlich einsehen kannst, dass sich ein Anliegen nicht mit dir deckt. Erzwinge keine Kooperation. Dein Coachee wird mit dir teilen, was er eben teilen kann. So bewahrst du das Vertrauen zu dir, aber auch das deines Coachees.

3 Dir muss bewusst sein, dass du eine Art Lehrer bist. Dein Coachee wendet sich mit einem festen Auftrag an dich, auch, wenn er ihn vielleicht gar nicht so genau benennen kann. Dieser Fakt muss dir im Vorhinein bewusst sein, und du musst für dich wissen, ob du damit umgehen kannst.

Hast du alle Fragen ehrlich beantwortet? Gab es Probleme oder Unsicherheiten? Du kannst dir auch im Nachgang noch mal Zeit nehmen, um weitere Fragen zu beantworten. Diese Fragen sollen dir Impulse sein und dich lediglich etwas in die richtige Richtung stupsen. Nicht alle Fragen müssen (sofort) beantwortet werden. Komm immer wieder hierher zurück, um zu reflektieren, ob du dich entwickelst oder auf der Stelle trittst.

Coaching ist allerdings weitaus mehr als der Umgang mit diesen Begriffen. Es geht tiefer und findet zwischen Menschen statt. Es ist also nicht nur der Austausch zwischen Coach und Klient. Vielmehr ist es das Kommunizieren zweier Herzen. Coaching geht nur von Herz zu Herz. Und das ist eine der wichtigsten Eigenschaften, die du mitbringen solltest.

Du musst ein großes Herz haben und dieses auch verschenken wollen! Zwar bilden die Merkmale erste Grundsteine, doch all das nützt dir nicht viel ohne ein großes Herz. Also bitte ich dich, dich immer wieder zu fragen, ob du im Herzen erfüllt bist, wenn du deinem Auftrag als Coach nachgehst bzw. darüber nachdenkst, es zu tun.

DEINE POSITIONIERUNG

Ich möchte dir gleich einen Zahn ziehen. Du kannst nicht alle Menschen auf einmal als Klienten aufnehmen und ihre Welten retten. Das ist ein schöner und vorbildlicher Ansatz, aber so viele Lebenswege es gibt, so gibt es eben auch verschiedene Ansprüche. Du kannst als einzelne Person nicht acht Milliarden verschiedene Menschen ansprechen, betreuen und fördern. Das teilt sich auf viele Köpfe auf.

Also überlege dir gut, wie deine Zielgruppe aussehen soll. Welche Altersgruppen sprichst du an? Was tut deine Zielgruppe gern? Wie kann sich die Gruppe mit deinen Interessen und Themen decken? Es gibt noch viele weitere Punkte, die dir dabei helfen, deine Zielgruppe zu finden. Darum geht es jetzt in den folgenden Zeilen. Du wirst lernen, wie deine Positionierung Hand und Fuß gewinnt, sodass du weißt, wohin deine Reise als Coach geht und vor allem, mit wem du diese Reise antreten wirst.

Wissenschaftler haben herausgefunden, dass wir eine Zehntelsekunde brauchen, um einschätzen zu können, ob wir eine Person sympathisch finden oder nicht. Ein gutes Rezept dafür: Menschen erkennen sich gern in anderen wieder. Die Person gegenüber wirkt auf uns vertrauter und bekannter, wenn sie dieselben Interessen, einen ähnlichen Beruf und andere soziale Merkmale mit uns teilt. Mit dem Gedanken im Hinterkopf kannst du aus deinen Coachings eine Wohlfühlzone mit einem Gleichgesinnten machen – sowohl als Coach wie auch als Coachee.[6]

Um das Ganze etwas übersichtlicher zu gestalten, unterteile ich das Folgende in vier Frageblöcke und helfe dir dabei, in deine soziale Wohlfühlzone zu kommen.

STRAHLKRAFT

Welche Menschen sprechen dich an oder faszinieren dich regelrecht? Jeder kennt solche Menschen. Sie strahlen etwas aus, das tief in uns ein Gefühl der Einigkeit auslöst. Wir spüren, dass wir uns auf derselben Wellenlänge befinden wie diese Personen. Das muss allerdings nicht nur eine einzelne Person sein. Es können auch mehrere verschiedene Personen oder Menschengruppen sein, die dich anziehen.

Welche Menschen magst du am meisten?

Was ist es, was du an diesen Menschen magst?

Dass wir uns zu anderen Menschen hingezogen fühlen, hat oft etwas damit zu tun, welche Werte und Interessen wir selbst haben. Beispielsweise fühlt sich jemand, der sehr gern organisiert, zu Menschen hingezogen, die Projekte oder Ähnliches planen. Die Person findet diese Menschen interessant, da sie etwas tun, was dieser Person Freude bereitet. Andersherum würde sich eine solche Person selten hingezogen fühlen zu einer Person, die das Wort Chaos auf der Stirn stehen hat.

Selbstverständlich geht es auch um Sympathie, doch jetzt geht es in erster Linie für dich darum zu sagen, welche Menschen dich faszinieren, welche Menschen du magst und warum du sie magst. Wenn du weißt, wer diese Menschen sind, dann widme dich der folgenden Frage

Was mögen diese Menschen?

Solltest du zunächst keine Antwort darauf haben, dann trau dich und frag einen dieser Menschen. Je mutiger du bist und je mehr du fragst, umso mehr Informationen wirst du bekommen. Das führt schlussendlich dazu, dass du Material hast, mit dem du dein Angebot optimieren kannst. Je genauer du Bescheid weißt über die Menschen, die du magst, umso besser kannst du dein Ich in ihrer Umgebung strahlen lassen.

Was haben diese Menschen gemeinsam?

....

....

....

Die Menschen, die du magst, haben auf jeden Fall etwas gemeinsam. Überlege, was diese Personen alle interessiert. Was beschäftigt sie? Was motiviert sie? Wofür setzen sie sich ein? Was sind ihre Wünsche und Träume? Was sind ihre Probleme? In welchen Gebieten kannst du sie am meisten ergänzen? Welche Punkte daran sprechen dich am meisten an? Decken sich die Gemeinsamkeiten mit deinem Angebot oder deinen Ideen?

WOHLBEFINDEN

In der Nähe welcher Menschen fühlst du dich wohl?

Warum fühlst du dich bei ihnen so?

Haben diese Menschen eine besondere Aura und Anziehungskraft? Wie fühlt sich das an?

Im ersten Abschnitt kam die Frage auf, welche Menschen du magst. Verwechsle diese Frage bitte nicht mit der Frage nach den Menschen, bei denen du dich wohlfühlst. Jeder kennt solche Menschen. Das sind Freunde oder Familie. Es kann dir noch so schlecht gehen, diese Menschen haben etwas an sich, das dich beruhigt, dir ein bedingungsloses Gefühl von Geborgenheit vermittelt und dich in unruhigen Zeiten wieder zu dir kommen lässt. Sie schaffen es oft schon durch ihre pure Anwesenheit, dir ein Gefühl der Wärme, der Sicherheit und des Wohlgefühls zu geben. Wer sind diese Menschen für dich?

Bist du möglicherweise umgekehrt auch so ein Mensch für andere? Kommen deine Familie und Freunde auf dich zu, weil du ein guter Zuhörer bist? Hast du eventuell eine Anziehungskraft auf andere? Frag doch mal deine Freunde und deine Familie, wenn du dir unsicher sein solltest.

GEMEINSAMKEIT

Jetzt geht es um die Menschen, die du ansprechen möchtest, bzw. die Menschen, die du ansprechend findest. Schau dir noch mal die Abschnitte eins und zwei an. Wer sind die Menschen, die dich faszinieren?

Was beschäftigt diese Menschen?

Worüber unterhältst du dich mit diesen Menschen?

Wie viel Kontakt hast du zu solchen Menschen?

Wie könnte es dein Leben verändern, wenn du mehr mit ihnen zu tun hättest?

Wo kannst du solche Menschen treffen und wie kannst du solche Menschen kennenlernen?

Du hast Kontakt zu den Menschen, die dich faszinieren. Was schätzen sie an dir? Welchen Mehrwert kannst du ihnen bieten?

Womit möchtest du solche Menschen überzeugen?

....

....

....

Was möchtest du mit diesen Menschen teilen?

....

....

....

Was ist dein Ziel in der Welt? Wer hat dieses Ziel noch?

....

....

....

Wie in jeder Branche ist es auch bei einem Coach so, dass es förderlich ist, sich mit den richtigen Leuten zu umgeben. Daher ist es als Grundlage wichtig, dass du weißt, welche Menschen dich anziehen.

Dein Umfeld hat einen gravierenden Einfluss auf deinen weiteren Kurs. Umgibst du dich mit negativen Menschen, die sehr wenig Berührungspunkte mit dem haben, was du tust, dann wird es dir schwerer fallen, deinen Weg zu gehen. Unmöglich wird es nicht, aber schwer.

Z. B. habe ich das Glück, mit meinem Team so gut zusammenzupassen, dass wir uns stets ergänzen, fordern, fördern und unterstützen. Wir wissen alle, in welche Richtung wir gemeinsam gehen wollen, und das hilft uns ebenfalls dabei, zu entscheiden, was wir anbieten wollen.

VERBINDUNG

Du hast aktuell einen Job, bist in der Schule, studierst oder machst eine Ausbildung? Ganz gleich, was du aktuell tust, mit Sicherheit wirst du dabei Menschen um dich haben, die du meidest, und wieder andere, mit denen du sehr gern Zeit verbringst.

Wer sind die 20 Prozent deiner täglichen Kontakte, mit denen du gern Zeit verbringst?

Was sind, in deinen Augen, Fähigkeiten, die diese Menschen auszeichnen?

Wie viele Interessen, Fähigkeiten und Hobbys teilst du mit diesen Menschen?

Zu wissen, welche Menschen dir am liebsten sind, auch bei der Arbeit oder in der Schule, hilft dir dabei, dein Angebot zu präzisieren. Dadurch, dass du weißt, was dir als Umfeld guttut, wirst du sicherer in deinem Vorhaben. Es können dann noch so viele Ideen und Einflüsse von außen kommen, doch es wird nur den einen Weg geben, der dich auf ewig motivieren und begeistern kann.

Wenn du alle vorangegangenen Fragen beantwortet hast, kannst du dir einen ersten Überblick über dich und deine Zielgruppe verschaffen. Im besten Fall helfen deine Antworten dir, direkt zu sehen, welche Menschen du ansprechen möchtest und welche Menschen du bereits ansprichst. Ist das der Fall, dann trau dich ruhig, diesen Menschen von deinen Plänen zu erzählen. Sie werden dir zuhören und dir Feedback geben.

Stell diesen Menschen gern die obigen Fragen, um weiteres Feedback zu deiner Person zu bekommen, aber auch, um diesen Menschen eine mögliche Unterstützung zu sein. Sobald du weißt, an welche Menschen du dich wenden möchtest, solltest du dir die Frage stellen, wovon diese Menschen träumen. Wovon träumst du? Was ist es, was euch zusammenführt, euch verbindet, und was ist es, wozu die Welt euch braucht?

Ganz gleich wie vermeintlich unrealistisch dieser Traum sein mag, mit dem richtigen Umfeld und deiner klaren Peilung kann jeder Traum in Erfüllung gehen. Abhängen tut dies nur von deinem Einsatz, deiner Bereitschaft und deinem Grad der Identifikation mit dem Geträumten.

Was ist der Traum, der Wunsch dieser Menschen?

....

....

....

Was kannst du als Coach dazu beitragen, diesen Wunsch zu erfüllen?

Wenn du dich als Coach verwirklichen möchtest, geht es darum, dir Ziele zu setzen – und je genauer diese sind, umso besser. Wenn du an das kommende Jahr denkst, was möchtest du haben, erleben und fühlen? Was ist dein Plan?

Wenn du an dich in drei Jahren denkst, was möchtest du erzielt haben? Wo willst du dann beruflich stehen?

Die Ausgangslage muss greifbar sein. Das schaffst du, indem du jedes noch so kleine Detail deines Coachings ausarbeitest.

Was unterscheidet dich von anderen? Oder worin willst du dich von anderen unterscheiden?

Wie lautet dein Versprechen an deine Coachees? Was bekommen sie garantiert bei dir? Was bringt ihnen ein Coaching bei dir?

Wie lautet dein großer Traum, den du dir hiermit erfüllen kannst?

Zu guter Letzt geht es in der Positionierung darum, deine persönliche Geschichte miteinzubinden. Wie du schon im Verlauf des Buches gelesen hast, ist die eigene Geschichte eine Art Markenzeichen für einen Coach. Sie macht den Coach zu dem, der er ist und was er verkörpert.

Wer bist du als Person?

....

....

....

....

Was waren für dich prägende Momente?

....

....

....

....

....

Stell dir vor, du hast dein eigenes Konzept entworfen. Es unterscheidet sich von anderen und spricht die Menschen an.

Wie kannst du diese Momente nutzen, um Menschen anzusprechen?

Wie hat deine Geschichte zu deinem Konzept beigetragen?

Welche Erfahrungen konntest du machen, die andere auch machen möchten?

Lass deine persönliche Geschichte mit den Antworten aus den ersten Frageblöcken verschmelzen. Je ehrlicher und ausführlicher du dir selbst antwortest, umso authentischer wirst du sein.

All die Fragen und Denkanreize können ihre volle Wirkung erst entfalten, wenn du ehrlich zu dir bist. Authentizität ist eine der einzig wahren Grundlagen, auf denen ein Coaching aufgebaut sein darf. Erinnere dich noch mal an das Vorhergelesene. Du wirst mit Menschen arbeiten und Menschen fühlen sich dort wohl, wo sie merken, dass sie wahrgenommen werden, ganz gleich, wie vermeintlich groß oder klein sie sein mögen.

Deine Positionierung als Coach bietet dir die Möglichkeit, ein Umfeld zu schaffen, das dich ebenfalls erstrahlen lassen wird. Das liegt in deiner gestalterischen Fähigkeit und auch in deiner Verantwortung. Nutze die Fragen, frage Freunde und Familie, aber beginne vor allem dich selbst zu fragen, was und wen du wirklich individuell ansprechen möchtest. Sei dabei dir selbst gegenüber ehrlich, denn nur so kannst du deine Positionierung wirklich auf dich zuschneiden.

EPILOG

Wir sind am Ende angekommen. Ebenso sind wir am Anfang angekommen. Dem Ende dieses Buches und dem Anfang deines Weges. Ich hoffe, dass dir die Anregungen aus diesem Buch ein großartiger Wegbegleiter sein werden, bei deinem Werdegang zum Coach, aber auch für dich, wenn du einen Coach suchst.

In beiden Fällen geht es schlussendlich darum, deine Persönlichkeit besser kennenzulernen, zu verstehen und auszuleben.

Im Verlauf dieses Buches hast du viel über dich selbst erfahren und notiert, z. B. deine Werte und deinen inneren Kompass. Du hast nun ein größeres Verständnis für dich, deine Wünsche, Bedürfnisse und letztendlich für das, was dich als Mensch ausmacht. Nutze diese Informationen, um das für dich Beste daraus zu machen. Ich bin im Endeffekt auch nur jemand, der dich in die richtige Richtung schubsen, dir Tipps und Tricks geben kann. Aber du bist die einzige Person in deinem Leben, der du Rechenschaft schuldig bist.

Ganz gleich ob als Coach oder Coachee, es geht um eine proaktive Entscheidung deiner Selbstverantwortung. Du hast nun all das nötige Wissen von mir an die Hand bekommen, mit dem du dich bestmöglich als Coach aufstellen kannst, um deine Coachees auf ihrem Weg zu unterstützen. Ich bin mir sicher, dass du als Coachee selbst noch mal deutlich gewachsen bist, und freue mich, wenn ich dir mit diesem Buch dabei helfen konnte, dass du den passenden Coach für dich und deine persönliche Entwicklung findest. Auf diesem Weg darfst du dich nicht verlieren. Verlockungen lauern überall, aber lass mich dir sagen, dass es alles bei dir beginnt. Je heller das Licht aus dir heraus leuchtet, umso sicherer wirst du in der Praxis werden.

Wie reagierst du auf neue Herausforderungen? Mit Offenheit und Mut, sollte deine Antwort lauten, denn hinter jedem neuen Problem stecken neue Erkenntnisse, die dich besser machen können. Werde stets zu dem Menschen, der du im Inneren bereits bist und beginne damit, dein wahres Ich zum Strahlen zu bringen, denn das darfst du.

Jeder Mensch hat das Recht, sich zu entfalten, doch verstecken wir uns gerne, aus Angst vor anderen, aus Angst vor Niederlagen, aus Angst vor uns selbst.

Diese Ängste sollten in deinem Leben keinen Platz mehr haben. Und auch wenn du mal scheitern solltest, dann sieh in den Spiegel, mach dir bewusst, was für ein verdammt toller Mensch du bist und gehe weiter auf deinem Lebensweg.

Begegne dir selbst auf einem Level, von dem du niemals gedacht hättest, dass es möglich wäre, und vergiss nicht zu leben, zu lieben und zu lachen. So kannst du dein Leben zu dem machen, was du dir wirklich wünscht.

LEBE
LIEBE
LACHE

QUELLENANGABEN

1. **Deters, Jannik (2021):** Ich habe viele unsinnige Sachen gesehen – Psychologe über Coachings, Wirtschaftswoche, Artikel jetzt unter diesem Link zu finden: https://www.wiwo.de/erfolg/unternehmensfuehrung/psychologe-ueber-coachings-ich-habe-viele-unsinnige-sachen-gesehen/26126980.html

2. **Wikipedia Artikel zu Usain Bolt:** https://de.wikipedia.org/wiki/Usain_Bolt, abgerufen am 11.01.2022.

3. **Institut für Managementinnovation Prof. Dr. Waldemar Pelz (2016):** Coaching-Ausbildung – teuer und häufig wertlos, https://www.management-innovation.com/Pressemitteilungen/Coaching-Ausbildung-Tipps.pdf, abgerufen am 22.02.2022.

4. **Stiftung Warentest (2013):** Coaching-Lehrgänge, https://www.test.de/Coaching-Lehrgaenge-Coachen-will-gelernt-sein-4604619-4604679/, abgerufen am 22.02.2022.

5. **Stiftung Warentest (2013):** Ein Coach erzählt – Eine einzige Weiterbildung genügt nicht, https://www.test.de/Coaching-Lehrgaenge-Coachen-will-gelernt-sein-4604619-4604796/, abgerufen am 22.02.2022.

6. **Luerweg, Frank (2021):** Sympathie – Wer mag wen?, Spektrum der Wissenschaft, https://www.spektrum.de/news/sympathie-warum-ist-uns-jemand-sympathisch/1828228, abgerufen am 22.02.2022.

Printed in Poland
by Amazon Fulfillment
Poland Sp. z o.o., Wrocław

12600025R00085